BATTLESHIP SUDOKU

THOMAS SNYDER

D0733859

STERLING

New York / London
www.sterlingpublishing.com

STERLING and the distinctive Sterling logo are registered
trademarks of Sterling Publishing Co., Inc.

2 4 6 8 10 9 7 5 3 1

Published by Sterling Publishing Co., Inc.
387 Park Avenue South, New York, NY 10016
© 2008 by Thomas Snyder
Distributed in Canada by Sterling Publishing
C/o Canadian Manda Group, 165 Dufferin Street
Toronto, Ontario, Canada M6K 3H6
Distributed in the United Kingdom by GMC Distribution Services
Castle Place, 166 High Street, Lewes, East Sussex, England BN7 1XU
Distributed in Australia by Capricorn Link (Australia) Pty. Ltd.
P.O. Box 704, Windsor, NSW 2756, Australia

HASBRO and its logo and BATTLESHIP are trademarks of Hasbro and
are used with permission. © 2008 Hasbro. All Rights Reserved.

Manufactured in the United States of America
All rights reserved

Sterling ISBN-13: 978-1-4027-4938-4
ISBN-10: 1-4027-4938-4

For information about custom editions, special sales, premium and corporate
purchases, please contact Sterling Special Sales Department at
800-805-5489 or specialsales@sterlingpublishing.com.

CONTENTS

INTRODUCTION

As a lifelong puzzle solver, even I was taken by surprise with the rapid emergence of sudoku. Just a couple of years ago now, this simple but addictive puzzle that challenged solvers to place the digits 1 to 9 into a set of rows, columns, and boxes was suddenly everywhere. Newspapers across the world put the puzzle next to the crossword as a new daily challenge for their readers. Airport bookstores, where space is certainly at a premium, were devoting whole walls to the new puzzle craze. Suddenly, a logic puzzle had the world's attention.

For some of us, sudoku became a way to spend the ride to work on the subway; for others, sudoku became a way to relax before bedtime (and inevitably stay up way too late, feeling the need to solve "just one more"). For me, the puzzle gave an opportunity to travel the world and compete internationally, solving the puzzle and its variants, and becoming the World Sudoku Champion in Prague in the spring of 2007, and the U.S. Sudoku Champion in Philadelphia that fall.

If you have purchased this book, you have likely already solved a sudoku or two (most likely a fair bit more, but who's counting?). Quite possibly, you are looking for a new and different challenge. If so, then this is the book for you. In the following 200 puzzles, I take sudoku and add on some simple new logical steps based on Battleship puzzles, which are not too dissimilar from the board game you might remember playing as a child. While Battleship puzzles are not new—indeed they have been around for years and have been featured in books and magazines—this combination with sudoku is.

I have taken particular care in the introduction of this book to slowly introduce you to this new puzzle type and help you learn the new strategies that will let you explore these uncharted waters. The resulting 200 puzzles, all hand-crafted, should be an incredible puzzling treat. Just paging through this book, you should realize that these puzzles are not like any other sudoku you will find on the bookshelves. You'll find amazing patterns and symmetries, such as the four identical "islands" of numbers in puzzle 90, to the more creative artistic efforts like my take on baseball in puzzle 181. While I can easily point to the visual treats to come, there are many treats of logic as well.

—Thomas Snyder

SHIP SUDOKU

I'll start with a sudoku with just a little bit of a twist. There will be no challenge of positioning ships into the grids in these puzzles—I'll save that for the next section. For the first 25 puzzles in the book, the challenge will simply be completing a sudoku, using the numerical "identities" of the ships to help make progress.

Let's take a look at Figure 1. You'll see that the puzzle looks like a regular sudoku, with a 9×9 box made out of nine 3×3 boxes that are outlined in bold. Just as in a standard sudoku, your goal is to fill the grid such that in each of the rows, each of the columns, and each of the 3×3 boxes the numbers 1 through 9 appears just once. What is new in this puzzle is the presence of ten different ships in gray inside of the grid. The ten ships include a single battleship, which fills 4 squares; two cruisers, which fill 3 squares each; three destroyers, which fill 2 squares each; and four submarines, which fill 1 square each. These

Figure 1

ten ships represent the "fleet" that is present inside the puzzle, and below the grid you will see the identity of the fleet—namely, the numbers that will go into the ships to complete the puzzle. The numbers must go into the ships so that, in some direction, you can read the numbers in the same order. This means that for horizontal ships, the sequence of numbers reads left to right or right to left; for vertical ships, the numbers will read top to bottom or bottom to top.

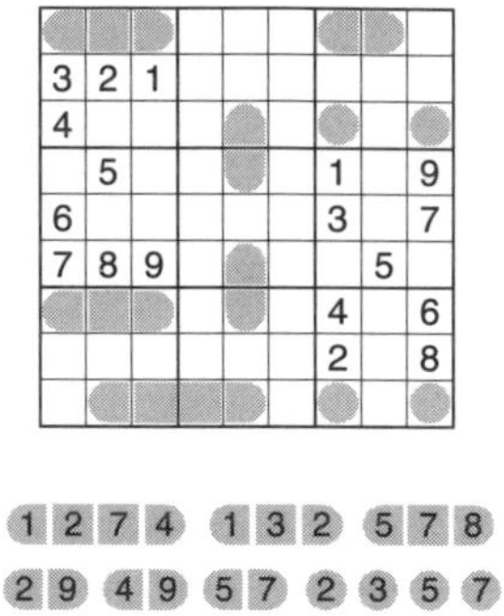

To begin this puzzle, you can use the standard methods for solving any other sudoku puzzle. For example, you can look for the only place in a box in which you can place a particular digit. To help point you to specific cells, I will label the rows (R1 to R9) and columns (C1 to C9) as in Figure 2. Consider the digit 1 and look at the box in the middle-left of the grid. Because there is already a 1 in column 3 (C3) and a 1 in row 4 (R4) in the puzzle, you can write the number 1 in cell R5C2 in that box. If you continue this kind of scanning of the

Figure 2

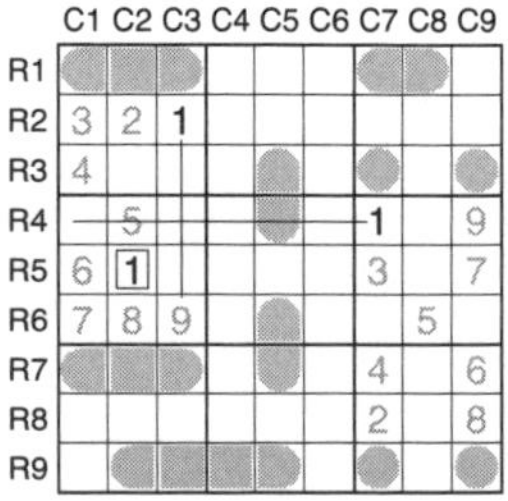

puzzle, you can place a 3 in R4C3 and a 4 in R5C3. You'll now see a single square in that box that must take the missing digit 2. These kinds of steps should feel familiar to you from having solved sudoku before.

However, the new challenge in these puzzles is to identify and label the ships, so let's focus first on the battleship. Look at Figure 3. There is only one battleship in the grid (in R9) and, as given in the clues below the initial grid in Figure 1, it must take the digits 1274. However, the order of digits is not fixed; it could read 1274, or the reverse, 4721. To determine the orientation of the battleship, you will want to use the numbers already in the grid to assist you. Here, if the battleship read 1274 from left to right,

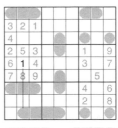

Figure 3

you would be placing a second 1 into C2. This means that the battleship must read 4721, with the 1 placed in C5 to avoid repeating a digit in a column.

The battleship, as it is the only ship of its type, will often be fairly easy to orient. The four submarines, which are represented by a circle that takes up just a single cell, never have an orientation problem as they take just a single digit. However, submarines have an identification problem—namely, there are four submarines and you do not know which submarine is which. Looking at Figure 4, it might seem that any of the submarines could contain the 5, and at least initially this is correct. However, there are several submarines that cannot be a particular number. Looking for the unique place a particular ship can go is the best way to address identifying which ship is which. Knowing that there must be a submarine

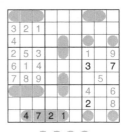

Figure 4

with the digit 2 in it, let's try to find which one(s) that can be. The submarine with the 2 cannot be one of the ships in the seventh column, because there is already a 2 in R8C7. The submarine with the 2 also cannot be the submarine in R9C9 as that is in the same box as the 2 in R8C7. This means that the submarine with the 2 must be the submarine in R3C9. Using similar logic, you should be able to identify first the submarine with the 3, and then the submarine with the 7, which will leave just the submarine with the 5.

There are then two classes of ships, the destroyers (two-unit ships) and the cruisers (three-unit ships) that have both an identification and an orientation challenge to solve. In this example, there are not a lot of digits around the destroyers, so we'll look first at the cruisers in Figure 5, starting with the cruiser in the first row (R1C123). This cannot be the cruiser that contains the digits 132 as that box already has all three of those digits in it (and any one of them would be enough to cause a contradiction). This means the cruiser in R1 must contain 578 or 875. We cannot specify at the moment which of these is correct, but we can pencil in a 7 in

Figure 5

R1C2 as this is the same in both orientations. We can also pencil in a 5/8 (meaning the cell contains either a 5 or an 8) in the two remaining cells of the cruiser as only a 5 or an 8 occur in those cells. With one cruiser identified (although not oriented), the other cruiser must be in R7C123. Looking at the given digits, there is just one possible orientation; this cruiser must read 132 to not repeat a digit in a column.

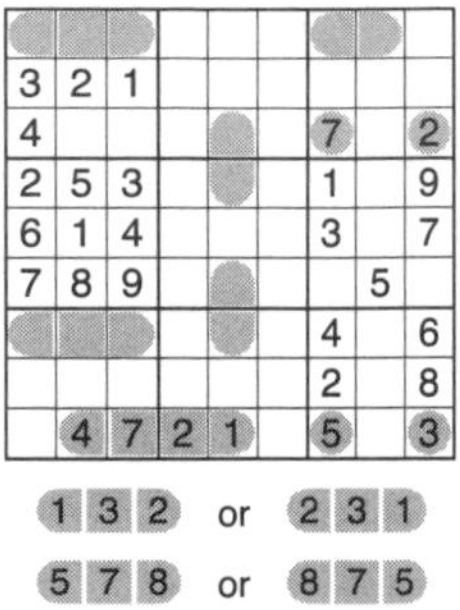

Figure 6

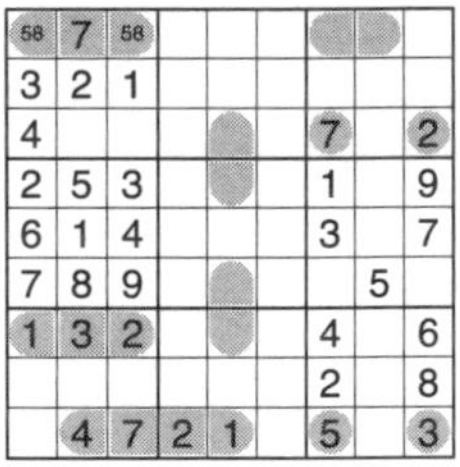

At this point, a lot of numbers have been placed on the grid so it is worth approaching the puzzle like a sudoku for a little bit to locate more numbers. Currently, things stand as seen in Figure 6. If you try to make progress on your own, you should end up with a grid similar to the one shown in Figure 7. You may have noticed that, while filling in numbers, you placed an 8 in R9C1. This 8 now lets you orient the cruiser in R1 in the puzzle as 578, which we could not do earlier.

Figure 7

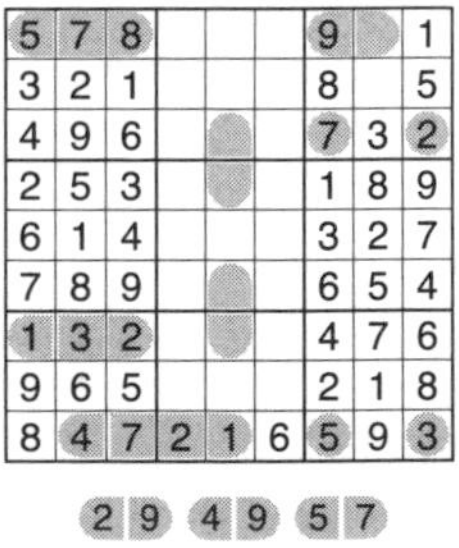

In order to finish the puzzle, we will need to look at the destroyers. Let's start from the point we reached in Figure 7. We've actually placed a number into one of the destroyers based on our sudoku solving: there is a 9 in R1C7. There are two destroyers that contain a 9: a 29 destroyer and a 49 destroyer. Notice that only the 49 destroyer is possible for row one as you cannot place a 2 in R1C8. Therefore, R1C8 is 4. This leaves two destroyers to identify. As one of the remaining destroyers has a 2 in it, let's look for which destroyer squares could still

8

contain a 2. The rows R3, R4, and R7 already have 2's in them. This leaves just one place to put a 2 in a destroyer, namely in R6C5. Placing the 2 in R6C5 means that a 9 goes in R7C5. The remaining destroyer (57) has to be oriented with 5 in R3C5 and 7 in R4C5 based on 5's and 7's already in the other rows. Now, as shown in Figure 8, all ten ships are labeled.

Figure 8

5	7	8				9	4	1
3	2	1				8		5
4	9	6		5		7	3	2
2	5	3		7		1	8	9
6	1	4				3	2	7
7	8	9		2		6	5	4
1	3	2		9		4	7	6
9	6	5				2	1	8
8	4	7	2	1	6	5	9	3

Filling in the remaining numbers should seem rather familiar from having solved sudoku in the past, and you will be able to reach the solution to this puzzle (shown in Figure 9) with a little bit of work. While these "ship sudoku" are fairly similar to the classic sudoku you've been solving for a while, the new wrinkles of identifying which ships are which, and orienting the numbers in them, are fun new additions to the traditional puzzle. What follows are twenty-five puzzles (nine 6×6 and sixteen 9×9) that will get you very familiar with solving a sudoku and making use of the fleet you are given. In the 6×6 puzzles, there will be just 6 ships to place (one cruiser, two destroyers, and three submarines). Once you feel comfortable with these ship sudoku, I'll introduce you to Battleship puzzles and you'll actually start locating the position of the fleet in the grid as well.

Figure 9

5	7	8	3	6	2	9	4	1
3	2	1	7	4	9	8	6	5
4	9	6	8	5	1	7	3	2
2	5	3	6	7	4	1	8	9
6	1	4	9	8	5	3	2	7
7	8	9	1	2	3	6	5	4
1	3	2	5	9	8	4	7	6
9	6	5	4	3	7	2	1	8
8	4	7	2	1	6	5	9	3

1

1					
●	2	●	●		
		1		5	●
●	5		2		
●		●		1	
●		●		●	2

3 4 5

1 5 2 3

6 6 6

2

●	●		●		1
	3				
			6	●	
	●	5			
	●		●	4	●
2	●		●		

2 6 5

1 5 4 5

2 2 2

3

1				●	●
	2			6	
●		3		●	●
●		●	4		
●	3			5	●
			●		6

5 2 6

1 2 3 4

1 3 4

4

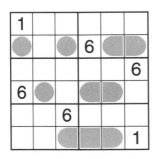

5

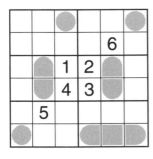

6

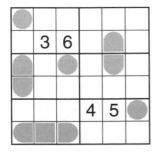

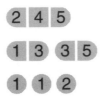

11

7

6

3

3	4	5
1	2	3	4
1	1	2

6

3

8

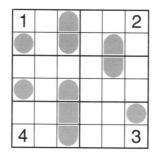

1 | | | | | 2

4	3	5
1	6	2	6
5	6	6

4 | | | | | 3

9

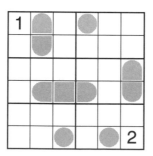

4	5	6
3	4	5	6
1	3	5

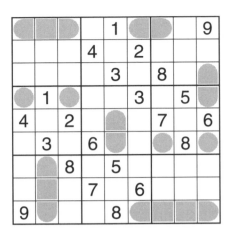

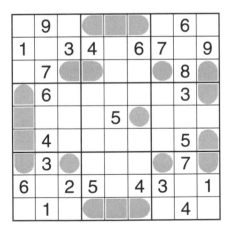

12

		7			9		
	4				7			
1		9		6				
	6							7
3								4
2							1	
				9		3		5
			7				2	
		6				8		

4 3 6 8   3 7 5   8 5 9

1 7   1 9   5 6   5 6   8   9

13

		4				9		
		5				2		
	1	7				4	8	
			3		9			
				5				
			1		7			
	3	6				5	2	
		9				1		
		8				3		

1 7 3 8   1 4 7   3 8 9

1 2   4 9   8 9   2   5   6   7

14

1						4		
	2						5	
		3						6
			7				1	
				8				
	1				9			
4						1		
	5						2	
		6						3

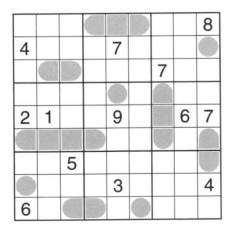

5 3 7 6   1 2 5   1 8 3
4 8 6 8 7 8 2 7 8 9

								8
4				7				
					7			
2	1			9			6	7
		5						
				3				4
6								

6 7 8 9   2 5 4   4 5 6
2 3 2 3 2 3 1 1 1 1

16

Grid (9×9), given numbers:

Row 1: 9, _, 4, _, _, _, _, _, 8
Row 2: _, 7, _, 9, _, _, _, _, _
Row 3: _, _, _, _, _, 7, 9, _, _
Row 4: _, 9, _, _, _, _, 8, _, _
Row 5: _, 6, _, _, _, _, _, 5, _
Row 6: _, _, 8, _, _, _, _, 9, _
Row 7: _, _, 9, 7, _, _, _, _, _
Row 8: _, _, _, _, _, 9, _, 7, _
Row 9: 8, _, _, _, _, _, 3, _, 9

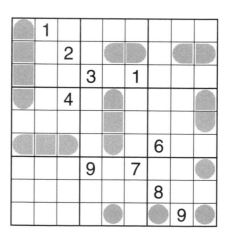

1 7 3 4   1 8 6   3 4 5

1 3   2 3   2 5   2   2 6 7

17

Grid (9×9), given numbers:

Row 1: _, 1, _, _, _, _, _, _, _
Row 2: _, _, 2, _, _, _, _, _, _
Row 3: _, _, _, 3, _, 1, _, _, _
Row 4: _, _, 4, _, _, _, _, _, _
Row 5: _, _, _, _, _, _, _, _, _
Row 6: _, _, _, _, _, 6, _, _, _
Row 7: _, _, _, 9, 7, _, _, _, _
Row 8: _, _, _, _, _, 8, _, _, _
Row 9: _, _, _, _, _, _, _, 9, _

5 6 7 8   1 9 6   3 8 7

1 3   2 3   4 8   1   7 6 8

18

Grid (9×9), given numbers:

	2	●			●	●	3	
1	5	9				2	4	6
●	8		●			5		●
●			●					●
●			●		●			●
			●		●			●
●	1						6	●
2	4	6				5	7	9
	7	●	●			●	8	

1 2 9 3   2 4 3   4 8 7

1 7   1 9   5 6   4 7   7 9

19

Grid (9×9), given numbers:

●		2		●			●	●
●			4	●				1
●		●		6			3	
●					8	5		
		●	2		7			●
		4	1					
	6			3		●		●
8				●	5			●
●	●	●		●		7		●

6 1 3 9   4 5 9   3 6 5

1 8   2 7   4 7   2 4 5 8

17

20

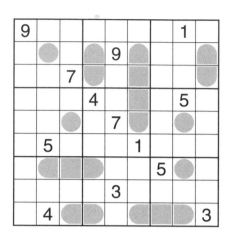

21

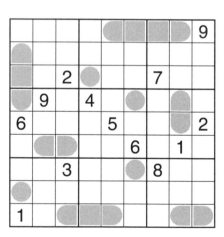

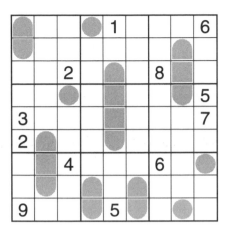

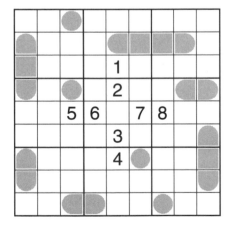

24

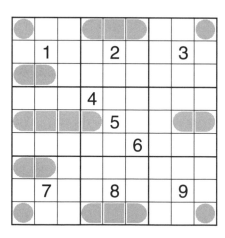

25

BATTLESHIP

Let's take a break from sudoku for a while and introduce a "new" logic puzzle called Battleship. I put the "new" in quotation marks since Battleship puzzles, as they are typically called, have been around for a long time and I've actually been solving them for longer than I've been solving sudoku. However, for many who only recently got into logic puzzles through sudoku, Battleship will be a new experience. An example puzzle is shown to the right. Battleship puzzles follow some simple rules.

Figure 1

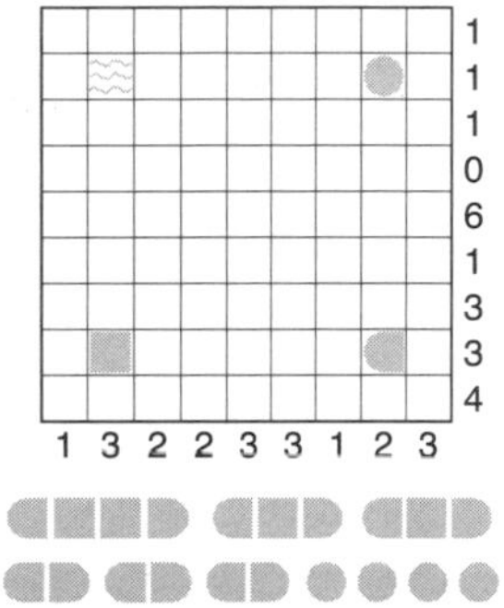
1
1
1
0
6
1
3
3
4
1 3 2 2 3 3 1 2 3

Your goal is to locate the position of all ten ships in the fleet within the grid—ships will be placed horizontally or vertically—with the constraint that no two ships can ever touch each other, not even diagonally. To see some examples of legally positioned fleets, look at the 25 puzzles that precede this section. In all of those "ship sudoku," the ships are spaced out so that no two ships ever touch one another.

To help locate the position of the ships in the grid, you are given some clues. First, the rows and columns are labeled with numbers on the right and bottom of the grid, which indicate how many ship segments are in that row or column. If the four-unit battleship is positioned horizontally in the grid, then it contributes 4 segments to the count in that row (and the row must read 4 or higher for the battleship to be in it) and it contributes 1 segment to the count of each of the four columns it occupies. As there are a total of 20 ship segments within the entire fleet, the sum of all of the rows will be 20, and the sum of all of the columns will be 20. Second, the grid often comes with some visual clues, which may be seas or ship segments, to help you identify where the fleet can or cannot be. Using both the visual and outside numerical clues, you can uniquely identify the position of the entire fleet within the grid. Solving the puzzle typically involves alternating between labeling squares that cannot contain ships (I tend to use underlines in each cell to indicate such squares as "seas"; other people use wavy lines or other methods, but when you get to Battleship sudoku, you'll see the benefits of using an underline) and labeling squares that must contain ships (I tend to use circles or boxes, depending on if I know what ship I am placing, to indicate such squares as "ships").

To begin solving this example, let's walk through the visual clues first. All four kinds of clues (not counting rotations) are present in this puzzle. Look at figure 2. As before, I've labeled the rows (R1 to R9) and columns (C1 to C9) to help isolate cells in my description. Let's first look at R2C2. This shape represents a sea, a square where no ship piece can occur. While you often get sea squares at the start of a Battleship puzzle, it is rare that they provide

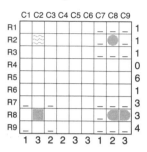

Figure 2

much assistance until later in the puzzle so we will skip this clue for now. In R2C8 is a circle, the shape that indicates a submarine. This is an intact ship, so there are no more ships around it, and you can label all 8 of the squares that surround this submarine as seas as shown in Figure 2. In R8C8 is an "end" of a ship. The end can be part of a 2-, 3-, or 4-unit ship (a destroyer, cruiser, or battleship, respectively). The first step in a puzzle like this is to draw at least one more ship piece on the end, in the direction that the ship must continue. As the rounded part of the end is on the left side, the next ship piece must be on the right in R8C9. In this case, since you have reached the end of the grid, the ship must be a 2-unit destroyer. Notice that as soon as I finished placing this ship, I labeled all the surrounding cells as seas. This is very important, and should be the first thing you do whenever you place a ship or a ship segment. The last kind of clue, which you'll see in R8C2, is the "middle" of a ship, represented as a box. The "middle" must belong to either a 3-unit cruiser or the 4-unit battleship. You cannot tell, at least until you use the outside numerical clues, which direction a "middle" of a ship goes—the ship could go vertically or horizontally—unless the "middle" is on the edge of the grid, in which case it must be parallel to the edge of that grid. In this case, at R8C2, we cannot say anything about the direction of the ship from just seeing a "middle," but we can mark the four diagonal squares to this "middle" as being seas.

Figure 3

To make real progress, we need to consider the outside clues, which tell the sums of ship segments in a given row or column. Take a look at Figure 3. There are two situations to look for. First, sometimes a row or column will be "full" and have all of its ship pieces accounted for. A row or column that starts at 0 is always such a case. Whenever

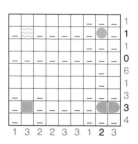

you find a "full" row or column, mark all the remaining squares in that row or column as seas. R4 has no ship pieces, so go ahead and label all of those cells as seas. Looking at the ship pieces already in the grid, you should see that R2, R8, and C8 have all their ship segments accounted for. Fill in all the remaining squares in R2, R8, and C8 with seas. It is also valuable to look for rows that, based on the number of seas already present, must have ships in all of the remaining squares. For example, a row or column might have only 3 cells left that are not seas, and 3 ship segments that are unaccounted for. You can go ahead and fill in all of those empty cells as ship segments. Looking at C9, for example, there are 3 ship segments total, with two unaccounted for. There are also only two empty cells that aren't seas. So, there must be a destroyer in R56C9, which you can draw in as in Figure 4 below. Apply the same logic to R9. There are 4 ship segments left to find, and only 4 cells that can contain them. All four of these empty cells must contain ships, which places a cruiser at R9C456, and adds a square onto the "middle" at R9C2.

It's time for another word about "middles". These squares must belong to either a 3- or 4-unit ship (a cruiser or a battleship). Sometimes, because of an outside row or column constraint being less than 3, you can tell if the ship goes vertically or horizontally. In this example, with a given piece in R8C8, there was not enough space in row 8 for the ship to go horizontally. Therefore, the ship must go vertically in column 2, and we could have known this even before we placed a ship in R9C2. When working with "middles," you can always place at least one ship piece on each side of the middle, but you may not be able to determine if you have a 3- or 4-unit ship unless the outside constraint is 3. Here, that is exactly the situation. There are only 3 ship segments in column 2, so the vertical ship in column 2 must be a cruiser. The result of all of these deductions (as well as the seas you should be filling in once you complete rows and columns) is shown in Figure 4.

Figure 4

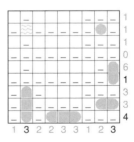

Now, you are at a point where you've placed five ships, but still might have a lot of different ways to put in remaining ships. You should cross out the ships you've placed to keep track of what is left. In addition to the strategies I've already described of looking for "full" rows and columns that only have seas left, and "empty" rows and columns that must have all of their remaining cells filled by ships, another valuable strategy is to try to place where the largest ships can go. In this puzzle, while we've placed the two cruisers, we have not placed the 4-unit battleship. Notice that there aren't many places, just looking at all the seas in the grid, where the 4-unit battleship can go. Looking at the row and column constraints, there is actually just one place left (row 5), that can hold 4 or more ship segments. This tells you the battleship must be somewhere in row 5, oriented horizontally. There would seem to be two possibilities, either from C3 to C6, or C4 to C7, but you may notice that you need to put a ship piece in R5C7 because C7 has 1 ship to place and only one place to put it. This forces the battleship to go from C4 to C7. As R5 still needs one more ship, there also must be a submarine in R5C1, as shown in Figure 5. Looking for the remaining "empty" and "full" rows and columns will locate the last two submarines and the last destroyer to give you the solved puzzle (Figure 6).

Figure 5

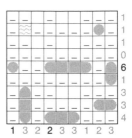

Figure 6

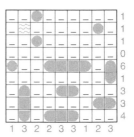

While the character of Battleship puzzles will change based on the givens and outside constraints, the general strategies here of using the visual clues inside the grid, and then looking for "full" rows and "empty" rows as well as trying to place the largest ships, will get you through most of the puzzles that follow. There are some more subtle strategies that arise, but I'd rather you learn them while you solve, as that is half the fun of puzzling. Certainly, the 6×6 puzzles and first several 9×9 puzzles should be a good introduction to Battleship puzzles. The last couple 9×9 are somewhat tricky, but sometimes just experimenting with a ship placement and seeing why it fails will be informative in getting to a solution. The very last puzzles do not give clues for all of the rows and columns in the grid. The number of clues given is sufficient, and it is useful to remember that there are 20 overall ship segments, so while some numbers are missing, those numbers cannot be so large as to exceed the sum of 20 ship segments for the rows and columns. I hope you find Battleship puzzles as enjoyable as I do, and while you need not be a Battleship expert to go on to solve Battleship sudoku, a little practice will not hurt.

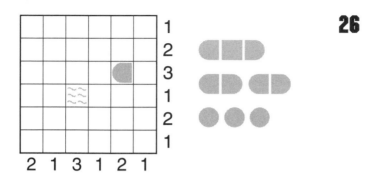

26

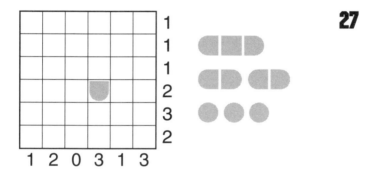

27

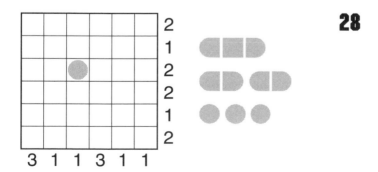

28

29

						1
						2
		≈			▨	2
						2
						1
						2

0 2 0 4 1 3

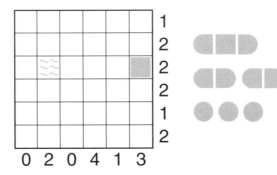

30

						5
						0
						3
		≈				1
						1
						0

1 3 1 2 1 2

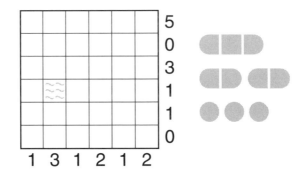

31

						1
						1
			≈			2
						1
				≈		3
						2

2 1 2 0 4 1

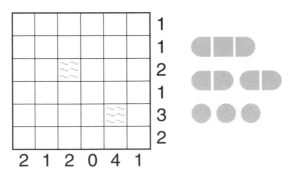

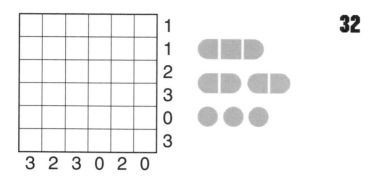

32

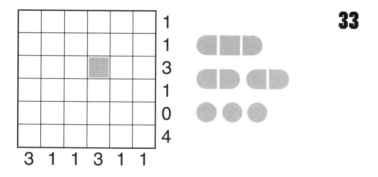

33

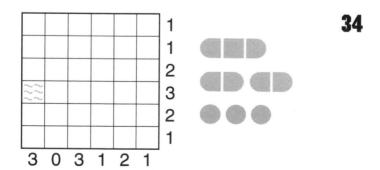

34

35

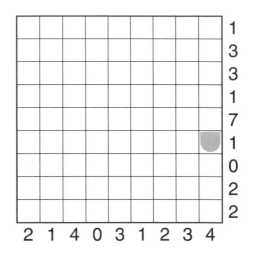

36

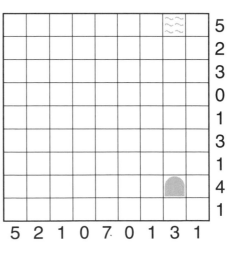

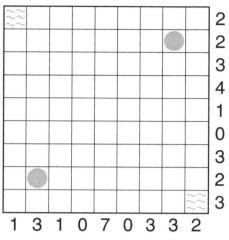
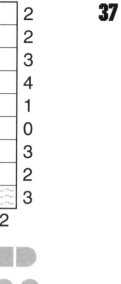

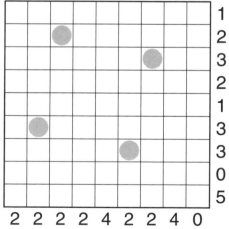
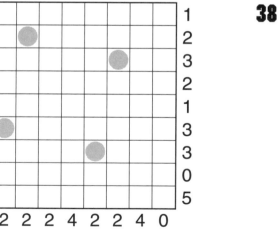

39

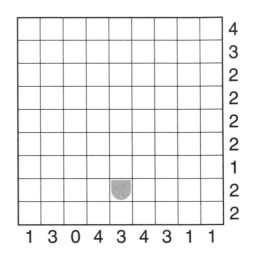

40

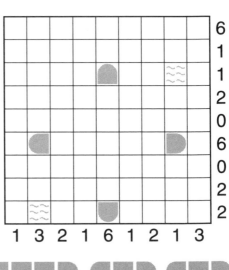

41

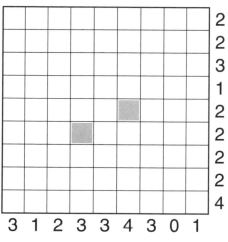

									2
									2
									3
									1
									2
									2
									2
									2
									4

3 1 2 3 3 4 3 0 1

42

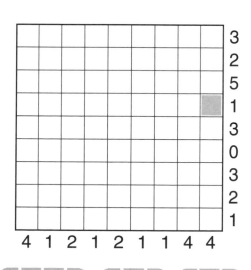

									3
									2
									5
									1
									3
									0
									3
									2
									1

4 1 2 1 2 1 1 4 4

43

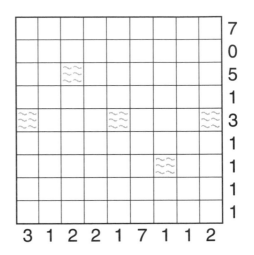

										7
										0
			~~							5
										1
~~				~~				~~		3
										1
						~~				1
										1
										1

3 1 2 2 1 7 1 1 2

44

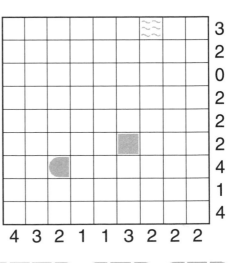

						~~				3
										2
										0
										2
										2
					▓					2
		◖								4
										1
										4

4 3 2 1 1 3 2 2 2

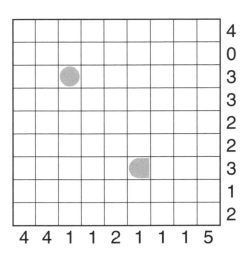

45

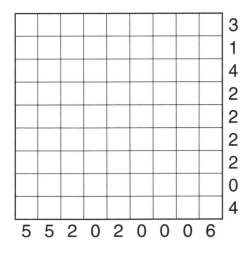

46

47

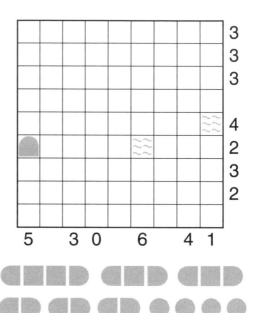

48

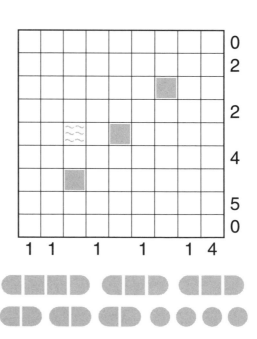

49

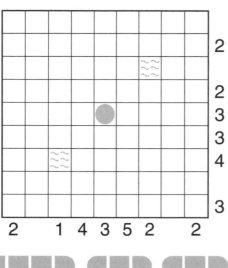

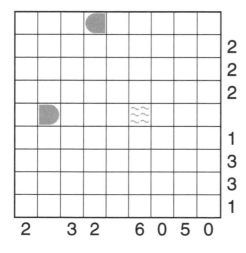

50

BATTLESHIP SUDOKU

So now, with both the "ship sudoku" and "Battleship" puzzles behind you, you are ready for the ultimate challenge: Battleship sudoku! The purpose of the first two sections was to teach you how to locate a set of ten ships within the grid, and given a set of ships within a grid, how to label these ships with numbers to solve a sudoku.

The rules of Battleship sudoku are these: Position the ten ships in the fleet within the grid to satisfy all row and column constraints, and to allow for the completion of a valid sudoku grid with the numbers 1 through 9 appearing just once in each row, column, and 3×3 box. Note: GIVEN NUMBERS ARE ALWAYS SEAS. Any numbers from 1 through 9 that begin inside the grid will not be a part of any ship.

Let's work through an example. In Figure 1, we have a puzzle that has a couple potential routes of attack. You can approach it as a sudoku and make a fair bit of progress by just placing numbers. Indeed, all of the digits that have been added in Figure 2 can be identified in this way. However, you'll also want to make use of the ship pieces you are given (as in Figure 3) to make other deductions—remembering that all the given numbers are seas—and then turn to the Battleship clues along the ends of the rows and columns to solve for the location of the whole fleet (shown in Figure 4). Combining the progress along all of the different solving paths will get you to a spot like Figure 5, shown at the top of the next page.

Figure 1

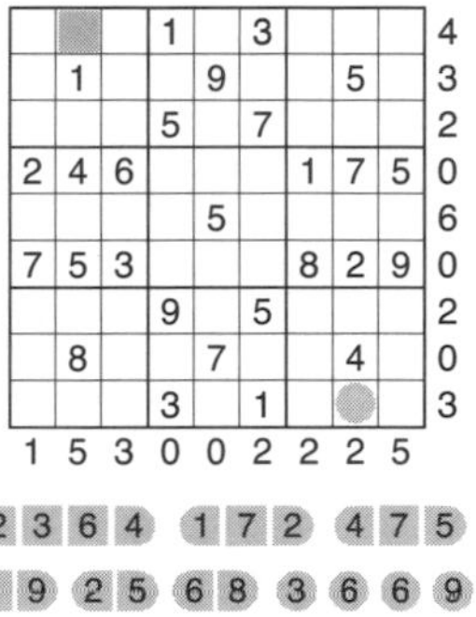

	1		3					4
1			9			5		3
		5		7				2
2	4	6				1	7	5	0
			5					6
7	5	3				8	2	9	0
		9		5				2
	8			7			4		0
		3		1				3

1 5 3 0 0 2 2 2 5

2 3 6 4   1 7 2   4 7 5
1 9   2 5   6 8   3   6 6 9

Figure 2

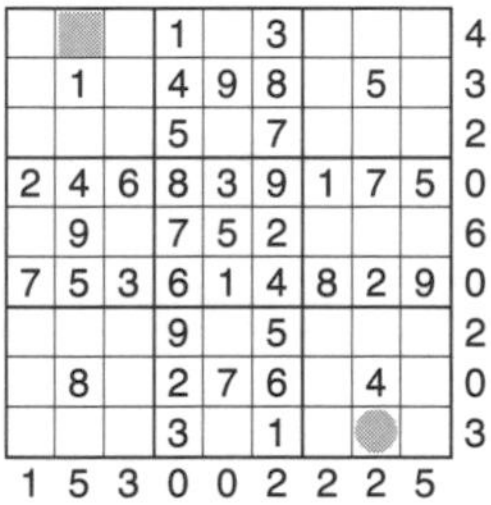

	1		3					4
1		4	9	8		5		3
		5		7				2
2	4	6	8	3	9	1	7	5	0
	9		7	5	2			6
7	5	3	6	1	4	8	2	9	0
		9		5				2
	8		2	7	6		4		0
		3		1				3

1 5 3 0 0 2 2 2 5

Figure 3

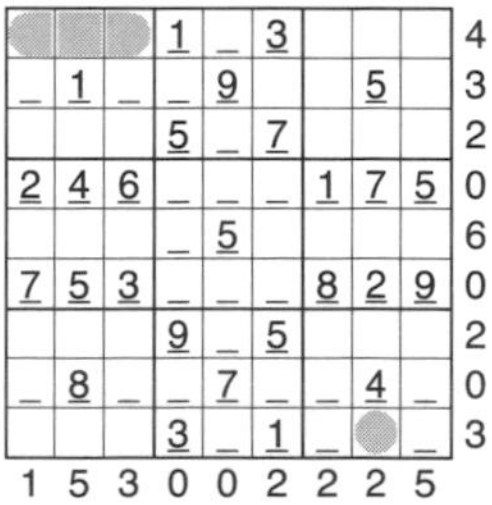

		1	_	3				4
_	1	_	_	9		5		3
_		5	_	7				2
2	4	6	_	_	_	1	7	5	0
_		_	5					6
7	5	3	_	_	_	8	2	9	0
_		9	_	5				2
_	8	_	_	7	_	_	4	_	0
_		3	_	1	_			3

1 5 3 0 0 2 2 2 5

Figure 4

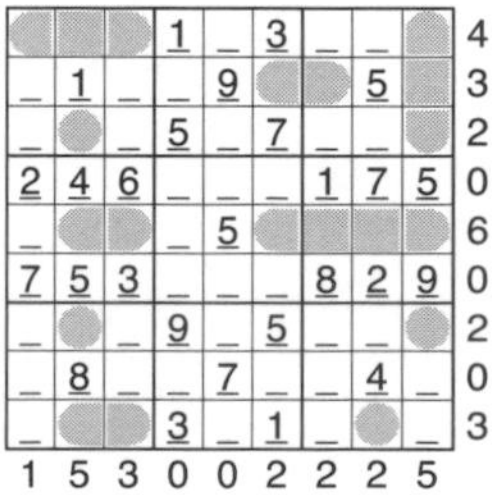

		1	_	3	_		5	4
_	1	_	_	9			5	3
		5	_	7				2
2	4	6	_	_		1	7	5	0
_		_	5					6
7	5	3	_	_	_	8	2	9	0
_		9	_	5				2
_	8	_	_	7	_	_	4	_	0
_		3	_	1	_			3

1 5 3 0 0 2 2 2 5

37

From here, you already have some numbers inside some ships so you can try to label all the ships you can. The submarines may be the most difficult, but you'll notice, after you place the submarine with the 9 in R9C8 (because it cannot be a 3 or a 6 from the digits in its row and column), that you have two submarines left with a 6, and one submarine with a 3. If you put one of the subs with a 6 in R7C2, then you could not put a 6 in either of the other subs, since they share a row or column with the sub in R7C2. So, the sub with the 3 is in R7C2 and you can identify all the ships as in Figure 6. From there, work through the remaining cells as in a classic sudoku and you can arrive at the solution, shown in Figure 7. While this is a relatively straightforward example, and the Battleship part of the puzzle is actually uniquely solvable without doing any of the sudoku, as the puzzles get harder, you will be forced to shift between sudoku-solving and Battleship-placing modes to make progress. There are a lot of interesting strategies to use in solving these puzzles, which I hope you find as you work through the book. As all of these puzzles were carefully hand-crafted, there is always a satisfying logical route forward to the solution in both the Battleship and sudoku parts, even if some of the very hardest puzzles are truly fiendish in design. Best of luck, and let your journey through Battleship sudoku commence. Bon voyage!

Figure 5

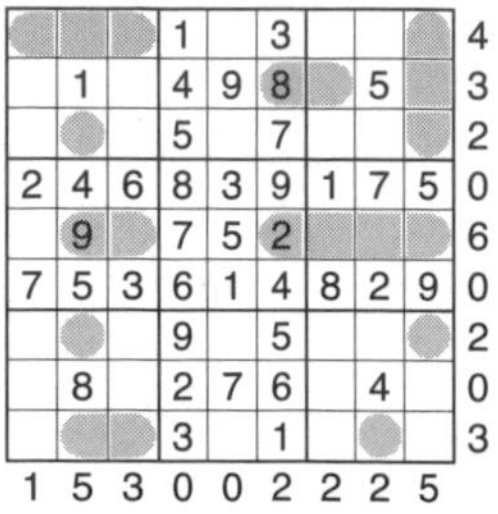

Figure 6

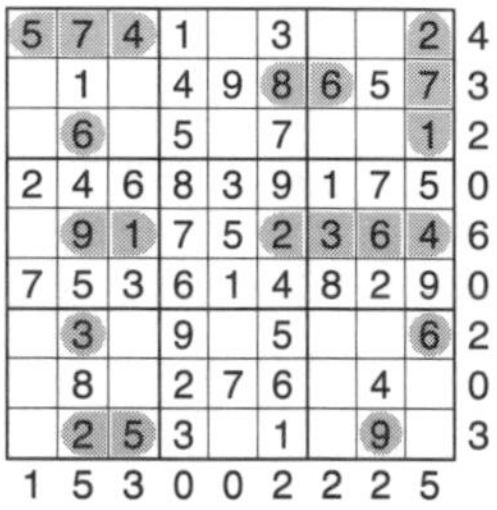

Figure 7

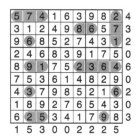

Easy as Pi!

Puzzle 51

3						0
	●					3
		1				0
			4			3
				1		1
					6	3
0	4	0	2	2	2	

4 3 6

1 2 3 5

1 3 6

Puzzle 52

●	1			2		1
5					6	1
	3			4		2
	4			5		3
2					3	1
	6			1	●	2
3	0	3	1	0	3	

2 1 3

1 6 1 2

1 3 5

Puzzle 53

1						3
	2		3	4		1
	5		~~			3
		●		2		2
	3	4		5		0
					6	1
3	1	2	1	1	2	

3 4 5

1 3 2 3

1 1 5

54

		4			5	3
	3					0
2						4
					4	1
				3		0
1			2			2
1	4	0	1	3	1	

1 5 3

1 4 2 6

1 4 5

55

	3					1
4	●	6				3
	5					2
				1		1
			2	●	4	2
				3		1
2	1	1	2	1	3	

1 3 2

1 6 4 5

1 5 5

56

		▨				4
		3				1
	2				6	1
1				5		1
			4			1
		●				2
2	1	2	2	0	3	

3 1 6

4 5 5 6

3 5 5

40

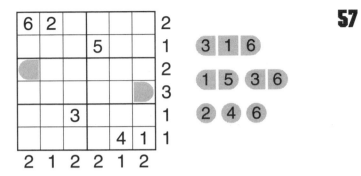

57

6	2					2
		5				1
◖						2
				◗		3
		3				1
				4	1	1
2	1	2	2	1	2	

3 1 6

1 5 3 6

2 4 6

58

4	1					3
	5					1
		5	4			0
		6	3			2
				1		1
				6	4	3
2	1	2	2	1	2	

2 6 3

1 3 1 5

3 4 6

59

				◗		4
	2					1
1		3				0
			3		1	1
			2			1
	◗					3
1	3	1	1	3	1	

1 3 5

1 4 1 5

4 5 6

60

1	4			2		1
						3
3						1
					5	1
						3
	2			4	6	1
0	3	0	5	0	2	

1 3 2

3 5 4 5

1 1 2

61

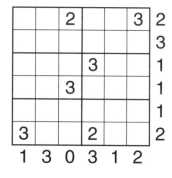

		2			3	2
						3
			3			1
		3				1
						1
3			2			2
1	3	0	3	1	2	

1 3 2

1 4 4 5

2 5 5

62

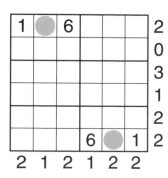

1	●	6				2
						0
						3
						1
						2
			6	●	1	2
2	1	2	1	2	2	

1 5 2

3 5 5 6

3 3 4

63

64

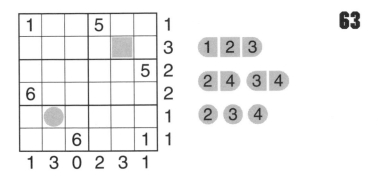

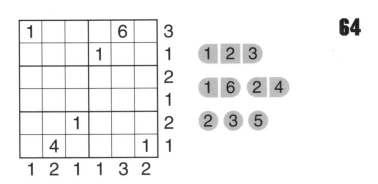

65

66

1				4		1
						3
		3				0
			4			2
						2
	5				6	2
2	2	3	1	0	2	

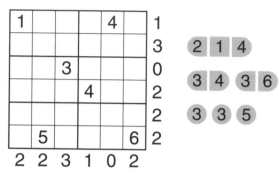

67

1						1
				4		2
	2					2
				5		1
	3					2
				6		2
4	0	3	1	1	1	

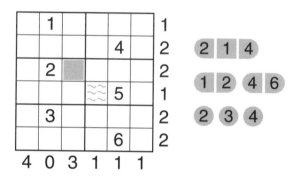

68

1				4		2
						2
	2		4			2
		3		1		1
						3
	4				5	0
2	1	3	1	0	3	

1 4 5

1 5 3 6

2 2 6

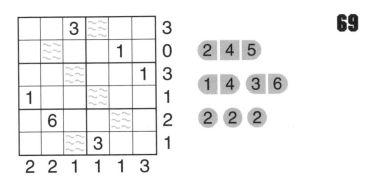

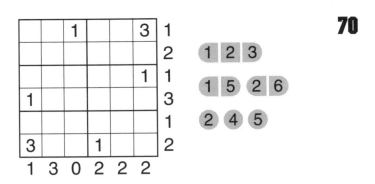

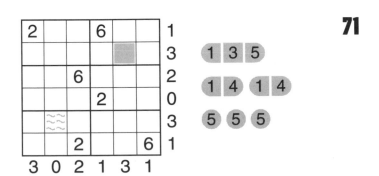

72

	1					3
			2			1
	3					1
			4			2
	5					0
			6			3
3	0	2	3	0	2	

2 4 6

2 6 3 4

1 4 5

73

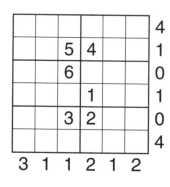

3 6 5

1 3 2 4

2 3 6

74

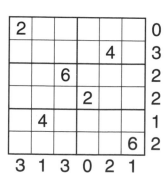

1 3 5

1 3 1 3

1 3 5

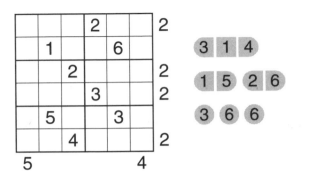

75

			2			2
	1			6		
		2				2
			3			2
	5			3		
		4				2
5					4	

3 1 4

1 5 2 6

3 6 6

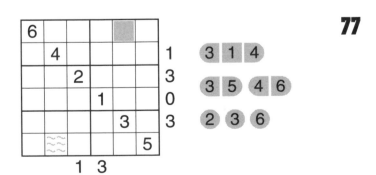

76

		6				2
	4		1			2
6				2		
	2				5	
		1		3		2
			5			2
4	0			0	4	

1 5 4

2 6 3 4

2 2 4

77

6						
	4					1
		2				3
			1			0
				3		3
					5	
		1	3			

3 1 4

3 5 4 6

2 3 6

78

				2		2
				6		1
				1	2	
1	4					
	3					3
	5					2
1	2			0	2	

4 3 5

1 2 3 6

1 4 6

79

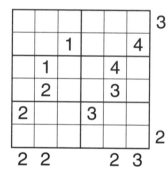

5 1 6

1 6 4 6

3 3 4

80

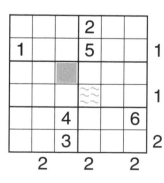

3 6 5

2 4 3 6

3 4 5

48

S.O.S. — Save Our Sudoku!

81

	1	4							2
6									2
	3			4					3
		8	3		2				3
3	5		1		9		2	6	1
		4		5	1				2
				3			5		2
								3	2
						7	9		3

1 6 0 0 7 0 1 2 3

8 7 6 9   2 8 9   6 8 7

1 4 1 9   2 5 1 2 2 6

82

2					6		◗		2
		5	8		9	7			2
	8		5			●	1	●	2
							4	1	0
6				4				5	6
7	4								0
●	2	●			1		8		2
		9	6		4	5			0
	◗		9					2	6

3 3 2 1 1 2 3 3 2

6 1 3 8   3 1 9   7 2 8

1 6 4 5   5 8 3 3 6 6

49

83

		4		1		6			4
		3		5		7			0
1	2						8	9	0
			3						5
	4	▓	5	▓	6	▓	9		3
					4				5
3	1						7	6	1
		7		6		4			2
		8		3		5			0
4	2	3	0	4	0	3	1	3	

2 7 9 8   1 2 8   6 1 9

2 5   5 9   7 9   2 4   7   7

84

9	5	6			4			8	3
	2		9			5		4	0
4		3						9	5
7								2	0
	●	2				4	●		5
6								1	0
3						8		6	3
2		4			6		9		1
8			1			2	7	5	3
0	5	0	1	5	4	2	3	0	

2 6 1 5   1 7 6   8 1 9

1 7   3 4   7 9   2 3   6   8

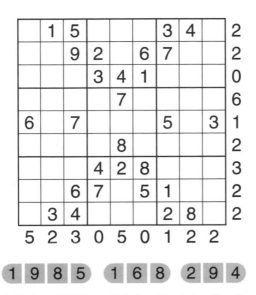

85

	1	5				3	4		2
		9	2		6	7			2
			3	4	1				0
				7					6
6		7				5		3	1
				8					2
			4	2	8				3
		6	7			5	1		2
	3	4				2	8		2
5	2	3	0	5	0	1	2	2	

1 9 8 5   1 6 8   2 9 4

1 3   3 6   5 9   1 3 4 6

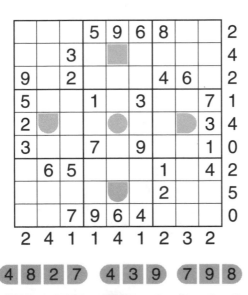

86

			5	9	6	8			2
		3							4
9		2				4	6		2
5			1		3			7	1
2								3	4
3			7		9			1	0
	6	5				1		4	2
						2			5
		7	9	6	4				0
2	4	1	1	4	1	2	3	2	

4 8 2 7   4 3 9   7 9 8

1 3   4 9   7 9   2 5   5 7

87

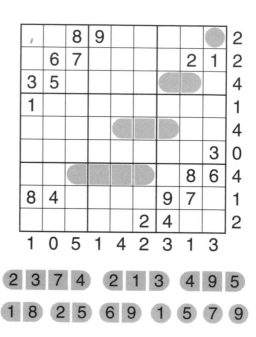

		8	9					●	2
	6	7					2	1	2
3	5								4
1									1
									4
								3	0
							8	6	4
8	4					9	7		1
					2	4			2
1	0	5	1	4	2	3	1	3	

2 3 7 4   2 1 3   4 9 5

1 8   2 5   6 9   1 5   7 9

88

							8		4
5		3			4	9		7	0
	9						6		4
	1						4		1
			2		8				6
	3						5		1
	6						9		1
7		9	6			3		1	0
	8								3
4	2	2	1	4	0	2	2	3	

3 6 7 4   1 3 9   6 5 7

1 3   5 7   5 7   1 3   3 4

89

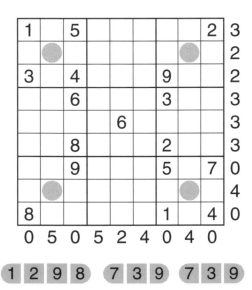

1		5						2	3
									2
3		4			9				2
		6			3				3
			6						3
		8			2				3
		9			5		7		0
									4
8					1		4		0

0 5 0 5 2 4 0 4 0

1 2 9 8   7 3 9   7 3 9

1 5   5 8   5 9   1 1   2 2

90

				1	2	3			4
1	2	3		8		4			2
8		4		7	6	5			1
7	6	5							2
									2
						1	2	3	1
		1	2	3		8		4	2
		8		4		7	6	5	2
		7	6	5					4

4 2 1 2 0 1 3 2 5

4 6 2 9   1 3 2   4 6 7

6 9   6 9   7 8   9 9   9 9

91

	2				9				5
	3			8	6	4	5	1	1
	4				7				3
1	5	9							3
	7						1		3
						3	7	6	2
			5				2		0
5	6	2	4	3			9		1
			7				6		2
6	0	2	5	1	0	3	0	3	

3 6 8 9   4 1 5   6 9 8

2 3   2 9   8 9   4 7   7 8

92

1									3
4		6	8	3			1		0
		7				5	3	4	3
	8			9				7	0
5			6	7	3			2	4
6				1			5		0
9	4	5				3			3
	3			5	2	6		1	0
								5	7
2	2	2	4	1	4	3	2	0	

2 6 1 3   1 6 7   4 9 7

1 4   7 9   8 9   1 5   6 8

93

8							2		3
		1	2		4	5			0
	7	4				3	6		5
	1						3		1
		●		7		●			4
	3						1		2
	6	2				8	7		0
		5	4		2	1			5
3							5		0
5	2	2	2	2	1	1	1	4	

2 4 9 5 5 3 7 8 5 9

3 9 7 8 8 9 1 4 6 6

94

		6						1	5
	9			7			5		2
1						3			2
	7		5	2			3		0
			3		6				3
	5			4	1		6		2
		3						6	2
	8			1			2		2
4					8				2
5	0	0	7	0	1	1	5	1	

7 8 6 9 2 1 4 5 4 8

2 3 7 8 7 9 1 4 5 9

55

95

1	2						4	8	1
	3		7				5		2
				8					2
			4		2				4
▦	9		6	●	5		7	≈	2
			8		3				2
			1						1
	7				6		8		3
8	6						9	7	3
4	0	3	0	7	0	4	1	1	

2 3 7 6 2 3 8 4 6 5

1 2 3 4 3 5 1 2 6 9

96

4		7						5	1
	3						1		1
2		●	1	5	9	●			3
		9			6	4			3
		4				5			3
		1	2			6			2
		●	6	4	2	●		3	3
	6						2		1
1						7		8	3
4	1	3	0	7	0	2	0	3	

3 6 8 7 2 1 7 7 3 8

1 9 2 4 2 6 1 3 6 8

97

6	3						4	5	1
									6
4	5				2	1			2
	7				5				2
		1	5	9					2
	1				3				2
5	3				9	7			0
									5
1	2						8	6	0
4	1	1	1	2	3	3	2	3	

3 2 7 9   1 4 2   2 4 7

2 6   6 7   8 9   2 3   3 7

98

	1						9		4
		8			5	7			0
			4		2				0
		3				4			6
	2			5			3		0
		5				1			6
			6		8				0
		7	5			6			0
	9						5		4
2	2	1	4	3	4	1	2	1	

2 3 6 7   2 3 7   6 9 8

2 3   2 5   4 9   1 6 7 8

99

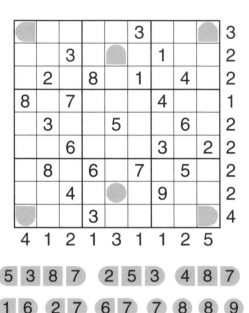

				3				3
		3			1			2
	2		8		1		4	2
8		7				4		1
	3			5			6	2
		6				3		2	2
	8		6		7		5	2
		4				9		2
			3					4

4 1 2 1 3 1 1 2 5

5 3 8 7   2 5 3   4 8 7

1 6 2 7 6 7 7 8 8 9

100

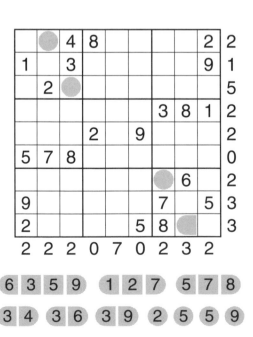

		4	8					2	2
1		3						9	1
	2								5
						3	8	1	2
			2		9				2
5	7	8							0
							6		2
9						7		5	3
2					5	8			3

2 2 2 0 7 0 2 3 2

6 3 5 9   1 2 7   5 7 8

3 4 3 6 3 9 2 5 5 9

101

8			3	4	5			2	2
		2				6			2
	1			▨			7		6
		4						8	1
			1	2	3				1
9						5			1
	8			▨			2		3
		7				3			3
2			6	5	4			9	1
4	1	1	2	2	2	3	0	5	

2 9 6 8   1 3 7   1 4 3

3 5   4 6   4 7   1   1 6 7

102

9		8	3		1	7		2	1
									5
7		6				1		8	1
1			5		7			6	1
				4					6
2			8		3			1	0
5		1				2		9	1
									3
8		9	7		2	5		3	2
2	3	2	0	6	0	2	3	2	

2 9 7 5   5 2 8   6 3 7

1 4   2 6   3 8   2   3   4 9

103

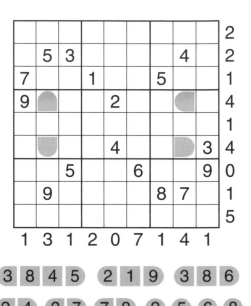

									2
	5	3					4		2
7			1			5			1
9				2					4
									1
				4				3	4
		5			6			9	0
	9						8	7	1
									5
1	3	1	2	0	7	1	4	1	

3 8 4 5 2 1 9 3 8 6

2 4 2 7 7 8 2 5 6 8

104

	9						5		0
7			2		4			1	5
	6	2					3		1
			6		7	8			3
	3						2		1
		8	9		1				3
	1					2	8		2
2			8		3			4	4
	7						6		1
5	1	2	0	6	0	2	2	2	

1 9 6 3 2 4 7 3 1 5

1 9 3 8 6 9 5 6 8 9

105

1		4			3		2		2
	9			6			7		1
2		5				1		9	3
●			4		3				1
	5			■			3		5
			1		5			◗	1
6		3				5		7	2
	2			4			9		2
7		9				2		3	3
3	0	1	4	5	4	0	0	3	

[2 9 6 7] [4 3 8] [5 1 6]

[1 4] [2 8] [5 7] [3 5] [8] [8]

106

							1		5
	7	8	2	3			6		1
							8		4
			8	5	1		7		1
	4						5		4
	2		3	6	4				0
	1								5
	3			4	5	6	9		0
5									0
5	1	4	4	0	5	0	0	1	

[3 5 9 4] [4 6 8] [6 9 7]

[1 7] [2 5] [4 6] [2 2] [8] [9]

107

5		▨						7	5
		7				4			0
	9		5		8		1		2
		6				8			1
1				▨				3	5
		4				2			1
	2		8		6		4		1
		3				7			0
9					▨			5	5
0	3	3	2	4	2	4	2	0	

7 5 8 9   1 6 3   3 1 8

4 9   5 6   7 9   1   2   4   7

108

4								1	6
	1						5	2	0
		8				7	●	3	2
			2		9	8	6	4	2
				▨					3
6	4	2	1		7				1
7	●	3				1			2
8	5						9		2
9								8	2
2	2	2	2	4	2	2	2	2	

1 5 3 8   2 6 8   3 5 7

1 5   3 4   4 5   4   5   6   7

62

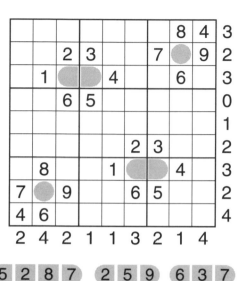

109

Grid 109 — row clues (right): 3, 2, 3, 0, 1, 2, 3, 2, 4
Column clues (bottom): 2, 4, 2, 1, 1, 3, 2, 1, 4

Given numbers:
							8	4
	2	3			7		9
1			4		6		
	6	5					
				2	3		
8			1			4	
7		9		6	5		
4	6						

Pieces: 5 2 8 7 · 2 5 9 · 6 3 7
5 7 · 5 9 · 6 7 · 1 2 · 5 · 9

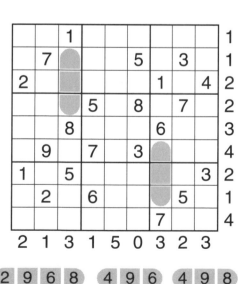

110

Grid 110 — row clues (right): 1, 1, 2, 2, 3, 4, 2, 1, 4
Column clues (bottom): 2, 1, 3, 1, 5, 0, 3, 2, 3

Given numbers:
		1						
	7			5		3		
2					1		4
			5	8		7	
		8			6		
	9		7	3			
1		5					3
	2		6			5	
					7		

Pieces: 2 9 6 8 · 4 9 6 · 4 9 8
1 5 · 4 5 · 5 7 · 2 8 · 8 9

63

Set Sail!

111

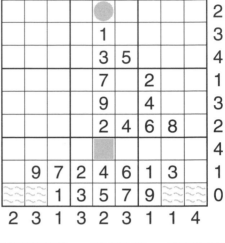

112

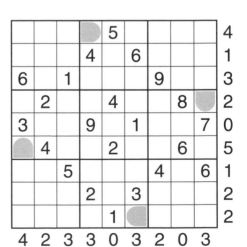

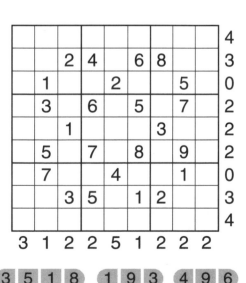

113

5	6						3		1
	2					6		5	3
	8	4	1				7	2	2
			3						4
			9	6	5				2
					2				2
2	3				7	8	4		1
4		1					9		5
	7						2	3	0
3	2	0	2	5	1	2	2	3	

2 3 5 7   2 8 3   4 5 8

1 3   1 6   4 8   3   5   8   8

114

									4
		2	4		6	8			3
	1			2			5		0
	3		6		5		7		2
		1				3			2
	5		7		8		9		2
	7			4			1		0
		3	5		1	2			3
									4
3	1	2	2	5	1	2	2	2	

3 5 1 8   1 9 3   4 9 6

1 3   1 9   4 7   1   4   5   8

115

				1					3
		3			5				2
7				3				2	5
	4		6		8		3		0
		7	●	5	●	9			2
	3		2		4		1		0
2				6				7	1
		5				2			3
				8					4
2	3	4	3	0	4	0	3	1	

1 6 7 9 5 1 9 6 2 8
4 6 6 7 6 8 1 3 4 9

116

1								●	7
		3			9		2		0
	4			8		7			1
7			2		●		9		2
		8		5		4			0
	6		●		3			7	2
		4		7			8		2
	2		9			5			0
●								2	6
2	2	2	3	1	3	2	2	3	

5 9 3 8 4 1 5 4 6 7
3 8 5 8 6 8 5 6 7 9

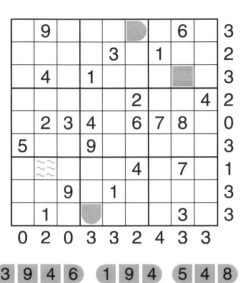

117

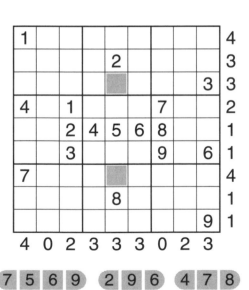

118

119

8			4	5	7				
	1		3		6				
		3	2		8				
2	3	9				8	7	5	
5								6	5
7	4	6				3	9	1	
			8		1	7			
			7		5		1		
			6	4	9			8	
	6			5			6		

2 8 7 6   4 8 6   6 2 7

1 8   2 4   5 6   3   5   9   9

120

			1		3				1
	9						8		4
			5		7				1
3		2				9		4	1
			8		6				5
6		4				8		7	1
			2		4				0
	2						1		4
			6		8				3
3	1	2	2	5	2	1	2	2	

3 9 7 5   2 4 5   2 6 4

1 2   3 9   7 9   1   1   2   4

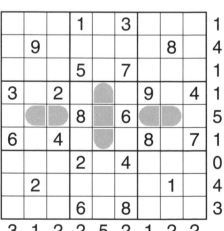

		8					3		3
		7				8	●	6	2
6	9	●	3	1			5		2
		5							2
		2				4			2
						5			4
	4			6	9	●	2	8	1
2	●	6				1			1
	1					3			3
3	2	1	2	2	5	1	1	3	

3 8 4 7 1 3 2 2 4 8

1 5 4 9 8 9 1 4 7 8

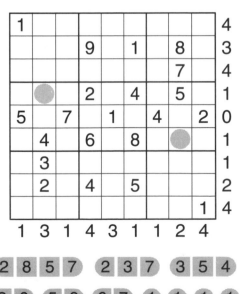

1									4
		9		1		8			3
						7			4
	●		2		4		5		1
5		7		1		4		2	0
	4		6		8		●		1
	3								1
	2		4		5				2
								1	4
1	3	1	4	3	1	1	2	4	

2 8 5 7 2 3 7 3 5 4

3 8 5 8 6 7 1 1 1 1

123

	5	6							0
4	●		7				8		4
2				8		4			1
	3		●		9				2
		4		3		1			1
			5		●		2		5
		9		6				3	0
	6				7		●	4	3
							8	9	4
3	2	3	1	2	3	1	1	4	

5 8 7 9   5 6 9   6 7 8

1 2   2 5   3 7   1 1 1 2

124

9			6		▪			1	3
	8						2		1
				5					2
~~				8				9	2
	5		2	7	1		3		2
4				9				▪	2
				4					5
	2						7		0
1		~~		5				8	3
2	2	2	2	1	1	5	2	3	

1 5 6 7   2 6 4   3 7 5

2 8   4 6   4 9   3 3 4 5

125

	3	4	5		6	7	8		2
2								1	3
8			9		3			2	1
5		9				2	▢	3	3
				▢					3
6	▢	8				9		4	3
7			1		9			5	0
4								6	4
	5	6	3		2	1	7		1
0	5	2	0	6	1	1	3	2	

1 7 9 3   1 5 6   4 1 7

1 2   5 8   5 9   2 6   8 9

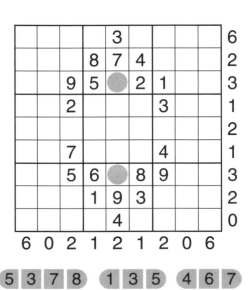

126

				3					6
			8	7	4				2
		9	5	●	2	1			3
		2				3			1
									2
		7				4			1
		5	6	●	8	9			3
			1	9	3				2
				4					0
6	0	2	1	2	1	2	0	6	

5 3 7 8   1 3 5   4 6 7

1 2   1 2   6 9   2 3   6 7

127

		1		8		5			2
			2		4				4
			3						0
	2		4		6		8		2
				▧					6
	1		3		7		9		1
				7					0
			6		8				4
		5		2		9			1

3 2 3 1 3 1 1 1 5

2 1 8 3   1 7 4   7 5 8
2 4   3 9   5 9   4 6 7 8

128

		5				2			1
	3	●					4		4
1				8				6	1
			1		7				2
		2				6			3
			3		5				2
2				4				5	1
	4					●	3		2
		6				1			4

6 1 1 4 1 1 1 4 1

1 7 2 5   2 6 8   3 5 7
1 2   4 6   5 9   4 4 7 9

			▓						7
		7	8		3	2			1
	9			1			4		0
	5			4			2		1
		3	2		6	5			2
	2			7			3		1
	8			6			1		0
		1	7		5	3			1
				▓					7
4	1	2	2	2	1	3	1	4	

1 3 9 4   2 9 8   5 7 6
1 4   2 7   2 8   4 7   9 9

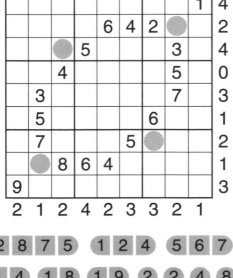

							1		4
			6	4	2	●			2
		●	5				3		4
		4				5			0
	3					7			3
	5				6				1
	7			5	●				2
	●	8	6	4					1
9									3
2	1	2	4	2	3	3	2	1	

2 8 7 5   1 2 4   5 6 7
1 4   1 8   1 9   2 2   4 8

131

						5		6	3
		6					7		2
	4		5					1	3
1		2		3					2
	▦						▦		4
				9		8		7	1
2					6		5		2
	1					4			0
5		4							3
3	4	3	0	0	4	1	4	1	

4 8 1 9   1 3 9   6 9 8

1 8   2 8   8 9   6 7   8 9

132

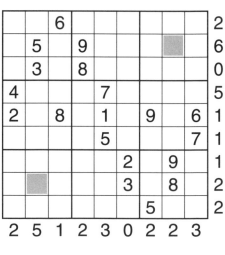

		6							2
	5		9				▦		6
	3		8						0
4				7					5
2		8		1		9		6	1
				5				7	1
				2		9			1
	▦			3		8			2
				5					2
2	5	1	2	3	0	2	2	3	

6 4 9 8   2 3 7   3 2 8

3 6   3 6   7 8   1 4   4 4

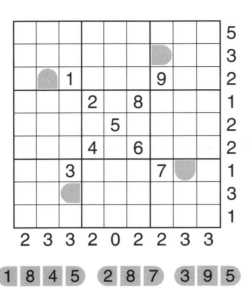

133

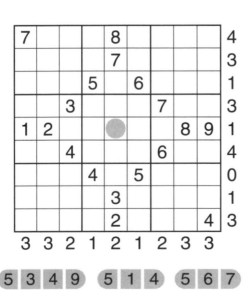

134

135

	2					1			2
1	●	3		8			2		1
	4		7			■		3	4
					6		4		3
		1				5			0
	8		2						3
7		■		3			8		2
	6		4			7	●	5	3
		5					6		2
2	2	3	3	1	5	1	2	1	

1 9 5 7   2 8 5   8 4 9

1 3 4 5   5 7   1 1 2 5

136

1		4							3
2		3					●		2
						9			3
			6		8	3			1
9				▢				1	2
		7	4		2				2
		1							3
	~					7		8	2
						6		9	2
1	5	1	4	2	2	0	5	0	

2 6 5 3   7 2 8   7 5 8

1 7   1 7   3 7   3 6 8 9

2				1				9	4
5				7				3	1
8				4				2	2
	1		8		3		6		1
		5				2			4
	2		4		9		1		1
7				8				4	2
4				9				1	1
1				3				6	4
1	1	4	3	1	3	4	1	2	

8 6 2 9   3 9 6   4 7 5

5 8   5 8   6 7   3 6   7 9

1		2						4
			2			3		4
3		4					2	1
								3
	4			5			6	1
								4
8					6		7	1
	7			8				1
					8		9	1
2	1	1	4	2	2	4	1	3

1 4 7 6   3 6 4   5 8 7

3 9   5 6   5 8   2 5   5 6

139

	4						3		2
		6				1			2
			9	2	5				0
6								2	3
	1						8		2
3								4	4
			6	7	2				2
		8				5			2
	3						9		3
3	1	4	0	7	0	2	1	2	

1 5 7 4　3 6 8　4 7 9

1 4　1 6　5 9　2 6　7 9

140

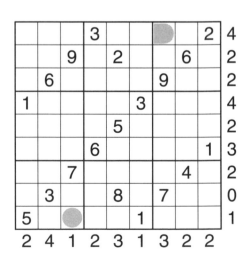

			3			●		2	4
		9		2			6		2
	6					9			2
1					3				4
				5					2
			6					1	3
		7					4		2
	3			8		7			0
5		●			1				1
2	4	1	2	3	1	3	2	2	

5 8 2 9　2 8 9　6 9 8

1 5　3 4　3 5　1 3　4 8

No Radar? No Worries!

		3	4	5	6	7		
	2						8	
1			●		●			9
3								8
4				●				7
8		2				6		5
7			3	4	5			2
	4						7	
		5	6	7	8	9		

4 3 9 6   1 2 9   5 7 9

1 6   2 3   3 6   2 3   4 8

	5	3							0
7			1						1
9		●				6			4
2			8	3					2
	4	6				3	9		3
				4	1			7	1
	6				●		5		5
				8			2		1
						6	4		3
4	1	3	2	3	1	3	2	1	

7 5 1 8   1 3 4   2 1 8

1 4   2 5   7 9   1 8   9 9

143

	4					7			4
		5					8		0
3					6				1
		⬤		6			9		2
			1	⬤	7				5
	5			3		⬤			3
			4					1	1
6					3				2
		7					2		2
3	0	4	3	3	2	2	1	2	

1 9 3 8   2 7 9   3 4 6

2 8 6 7   6 7   4 5 5 8

144

1		2	5					4	0
	3			⬤			⬤		3
4		5				6			0
			4		3				3
	7			2			6		4
			1		6				4
		9				5		6	0
	⬤		⬤				7		6
7					4	8		9	0
3	1	3	1	3	1	3	1	4	

3 9 6 8   2 3 8   6 5 9

1 4 1 7   3 4   1 4 7 9

9			5					1	0
	7		▨	▨	▨		2		5
		8				3			1
				5					1
	3		6		4		7		3
				7					3
		5				4			2
	6		▨	▨	▨		3		5
7					5			2	0
6	0	1	2	3	2	1	0	5	

1 4 3 2   1 4 7   3 6 4

5 6 5 6   7 8   1 6 8 9

									1
	1			2			3		5
				3					0
				4		5			0
	4	3	2		8	7	6		2
		5		6					1
				7					4
	7			8			9		4
									3
6	0	4	1	2	1	2	0	4	

1 8 3 2   2 5 3   4 1 6

5 7   6 8   6 8   1 4   5 5

147

●		3	4	5					1
		2				3			3
	1						4		0
6								4	6
7			9					1	0
8								5	6
	3						9		0
		4				2			2
			2	6	1			●	2
1	2	2	3	2	2	2	4	2	

1 4 3 9   2 1 5   3 9 8

2 7 3 7   6 7   8 8 9 9

148

4			●					5	1
			1		8				1
									1
1		3	5		7	8		9	0
									7
9		7	6		4	2		1	1
									2
		3		2					3
8			■					3	4
2	2	2	1	4	1	3	2	3	

4 1 5 7   2 5 4   6 3 7

1 3 6 7   7 8   1 1 6 7

149

			3						**4**
9		2		4					**1**
	1		●		5				**3**
		8		6					**4**
			7		2				**1**
				1		3			**2**
			8		●		4		**2**
				7		5		9	**1**
					6				**2**
4	**1**	**1**	**2**	**3**	**2**	**3**	**0**	**4**	

1 3 7 5   4 5 6   2 8 9

1 2   4 7   5 9   1   6   7   8

150

		5					4		**2**
1					8				**2**
			7					2	**0**
	3					6			**6**
				6					**2**
		6					3		**4**
2					7				**0**
			8					1	**2**
	4					5			**2**
6	**0**	**1**	**1**	**2**	**3**	**1**	**0**	**6**	

2 5 8 9   4 8 5   4 9 7

2 9   5 6   6 7   3   3   8   9

151

				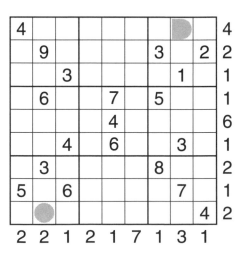			8		4
			3						1
		8	1		5	6			1
		9				8			2
	4						9		5
		2				4			2
		4	5		9	3			0
			7						1
2									4
4	1	2	1	5	1	2	1	3	

6 4 7 9 2 8 5 5 7 9

1 2 3 5 4 7 4 6 7 7

152

4									4
	9					3		2	2
		3					1		1
	6			7		5			1
				4					6
		4		6			3		1
	3					8			2
5		6					7		1
								4	2
2	2	1	2	1	7	1	3	1	

2 6 7 9 2 9 4 5 3 8

1 2 3 5 5 9 5 6 6 7

		9							5
			8						2
8		1		7					2
	7				6		9		1
		6				5			3
	9		5				4		1
				4		1		3	2
					3				1
						2			3
0	3	1	6	2	5	1	1	1	

3 5 6 4 1 5 8 2 3 7

2 4 2 5 2 9 7 7 8 9

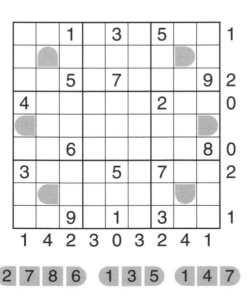

		1		3		5			1
		5		7				9	2
4						2			0
		6						8	0
3				5		7			2
		9		1		3			1
1	4	2	3	0	3	2	4	1	

2 7 8 6 1 3 5 1 4 7

3 8 5 7 8 9 4 6 7 8

155

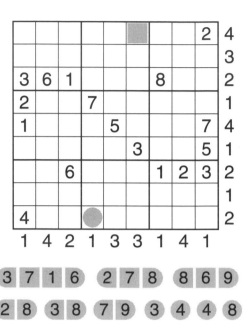

156

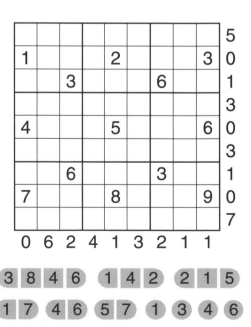

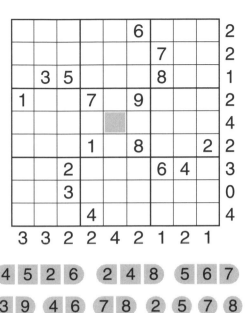

157

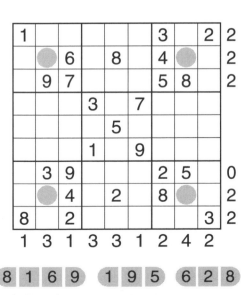

158

159

		8				1			**2**
7			6		5				**3**
	6			4			3		**1**
	5						4		**1**
4		▦				▦		5	**4**
	3						6		**2**
	2			1			7		**3**
			2		9			8	**2**
		1				4			**2**
4	**2**	**3**	**1**	**1**	**1**	**4**	**1**	**3**	

(1 5 3 6) (6 2 7) (6 7 8)

(1 4) (4 6) (5 6) (3) (3 9 9)

160

9								1	**3**
8	5								**2**
7		2				5			**1**
6			▦					4	**4**
				1					**1**
4					▦			6	**4**
		3				2		7	**1**
							5	8	**1**
1								9	**3**
0	**4**	**2**	**1**	**3**	**3**	**2**	**4**	**1**	

(2 1 7 3) (2 8 3) (4 7 9)

(1 2) (3 4) (4 7) (3) (4 5 8)

Your Problems Can Multiply ...

161

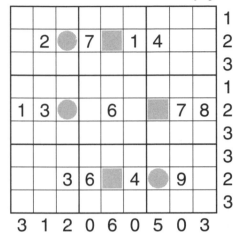

162

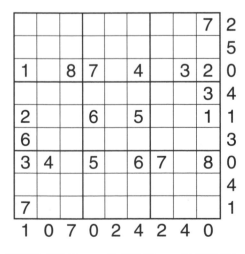

89

163

		2							2
	4		6				1		2
		8				3		5	4
							7		1
				9					5
	1								2
3		5				2			1
	7				4		6		1
						8			2
2	2	1	6	1	0	5	1	2	

3 7 2 6   1 5 6   2 5 7

1 6   4 7   4 9   1   5   8   9

164

	4			8					2
9		6		3		8		2	4
									1
	7		2		4		1		
				5					5
	3		6		8		9		
									2
2		8		7		4		1	4
				2			8		2
	5		5		3		5		

3 6 2 4   1 9 6   4 1 5

3 9   4 7   5 6   5   6   7   8

165

								4	3
		1	2				6		2
	8	●	3		7				3
	7		4						3
		6	5		1	2			1
				8			3		1
		2		7	●		4		3
	4				6	5			1
1									3
5	0	2	3	2	3	2	1	2	

4 5 6 7   4 2 5   7 6 8

1 3   1 4   6 9   6 8   8 9

166

	1	3				5	2		
2	●		5		6		●	1	3
4								3	
	6		3				5		1
									5
	4				7		6		5
5								7	
8	●		4		5		●	9	3
	9	7				4	8		
3	2			7			2	2	

5 9 6 7   1 3 8   1 7 3

1 3   2 4   2 5   2 3 4 7

167

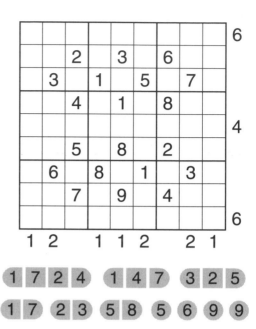

									6
		2		3		6			
	3		1		5		7		
		4		1		8			
									4
		5		8		2			
	6		8		1		3		
		7		9		4			
									6
1	2		1	1	2		2	1	

1 7 2 4   1 4 7   3 2 5

1 7   2 3   5 8   5 6   9 9

168

		9							2
	6		8						3
	5		9		1	2	3		1
					8		4		3
	1	2	3		7	6	5		1
	8		4						2
	7	6	5		2		8		2
					4		6		6
					5				0
1	1	4	1	3	2	3	2	3	

2 5 1 8   1 4 3   3 1 9

1 7   3 6   4 7   1 1   2 4

169

	8								2
	6		2		4		8		3
		4				2			2
	4		7		9		6		1
				3					7
	3		1		5		2		0
		8				6			2
	2		6		8		3		1
							4		2
2	1	3	1	6	1	1	1	4	

7 1 2 8   1 5 9   6 7 8

1 3 3 4 5 6 5 8 9 9

170

				1					2
	8	2				3	7		3
				9					1
1			2			7			0
				5					7
		3			8			9	0
				7					2
	4	6				9	1		3
				8					2
3	5	1	3	2	3	1	1	1	

1 8 9 2   3 2 5   5 4 6

2 8 3 6 4 7 1 5 5 6

Fill in the Blanks?

171

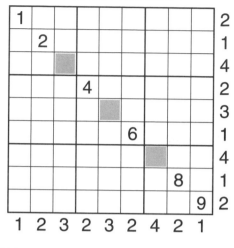

172

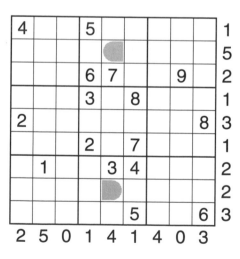

173

									4
		3	4					9	3
	2		●	5	●		8		2
1					6	7			0
									5
		2	3					8	1
	1		●	4	●		7		3
9					5	6			1
									1

2 4 8 7 | 3 7 8 | 6 3 9

1 2 | 5 6 | 5 7 | 1 | 2 | 3 | 7

174

	8		1				3		2
	6								1
			2				4		2
									1
7			3		4			8	0
									7
	1				5				1
							7		2
	5				6		8		4
2	1	2	0	6	0	2	1	6	

7 3 2 9 | 1 5 3 | 2 4 8

1 9 | 4 6 | 6 7 | 2 | 3 | 4 | 8

175

1			3						0
	5								3
			1	9	4				4
		7				8			2
	2						9		6
		4				5			1
			5	4	3				0
							5		4
					2			9	0
4	0	4	1	2	1	4	0	4	

2 3 5 8 3 1 5 6 8 7

2 6 3 7 3 8 1 1 2 7

176

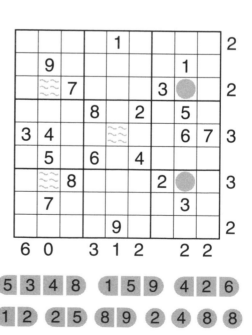

2

6 0 3 1 2 2 2

5 3 4 8 1 5 9 4 2 6

1 2 2 5 8 9 2 4 8 8

177

			2		1				4
	3			9			4		
		5				6			1
7				8	6			9	
	▩			▩					5
1			4	2				3	
		4				5			1
	6			1			7		
		9		8					4
1		5		4		5		1	

3 7 2 8   4 1 7   7 3 8

1 3   1 9   7 8   3   4   6   7

178

	1						5		4
		1		9					0
	2					6			4
7		2		8	5		9		0
	3					7			4
1		5	6		4		3		0
	4					8			4
		7		3					0
	5					9			4
0	0	4	3	4	4	4	0	1	

5 9 1 6   1 9 2   8 6 7

1 2 5 7   7 8 1   3 3 9

179

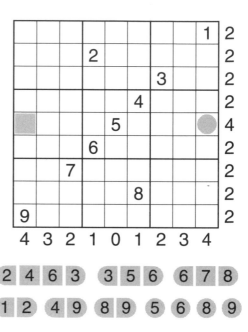

180

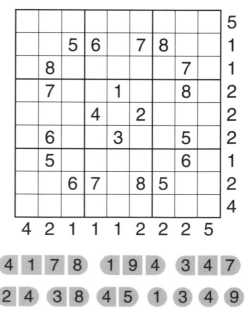

The National Pastime?

181

				8					2
7								9	2
			6		4				1
				▨					3
	5						3		3
		▨		1		▨			2
									4
				◖					1
				2					2

1 3 4 0 5 0 3 2 2

1 7 2 6   2 4 6   5 9 7

3 6   4 6   6 8   2   4 8 9

182

		5	6					●	
	4			7					1
	3			8					
	2			9					2
	1						9		4
				1			8		2
				2			7		
				3			6		1
●					4	5			

6   1 3 1   5

4 5 3 7   2 6 3   2 7 3

1 3   4 7   6 7   1   4 6 8

99

183

									2
9				5		8		3	
	3	1		7		6			4
			◗	9	◖				4
	2	4	6		5	3	1		1
			◗	3	◖				4
		3		2		7	9		1
6		5		1				8	
									3
3	2	1		1		1	3	1	

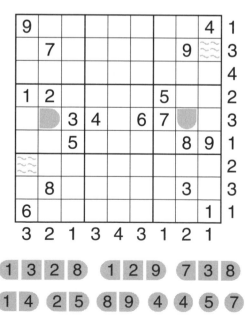

2 9 1 4 7 3 5 7 5 8

1 8 2 4 4 5 3 4 8 9

184

9								4	1
	7						9	≈	3
									4
1	2					5			2
	◗	3	4		6	7	◗		3
		5					8	9	1
≈									2
	8						3		3
6								1	1
3	2	1	3	4	3	1	2	1	

1 3 2 8 1 2 9 7 3 8

1 4 2 5 8 9 4 4 5 7

100

	1						3		2
									3
		2		1		4			2
		3					5		1
4			◖	5	▪			6	4
		5					7		1
			6		9		8		4
									1
		7						9	2
2	2	1	4	2	4	2	1	2	

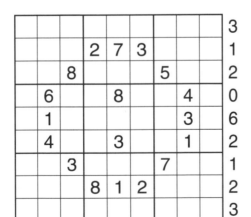

3 2 4 9   2 7 5   8 7 9
1 4 2 5   2 8 5   5 6 9

			2	7	3				3
		8				5			1
	6			8			4		2
	1						3		0
	4			3			1		6
		3				7			2
			8	1	2				1
									2
									3
5	0	2	2	1	1	2	0	7	

5 2 4 6   1 7 8   2 1 4
1 4 3 6   5 7   2 4 4 5

187

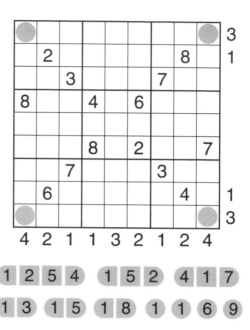

188

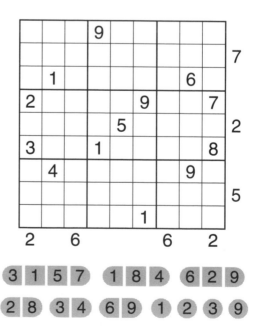

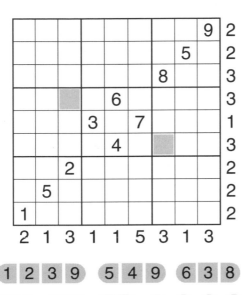

189

1 2 3 9   5 4 9   6 3 8

3 6   5 9   8 9   1   2   2   7

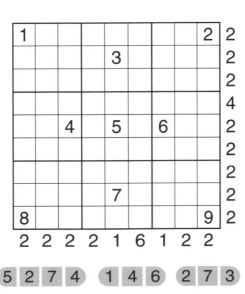

190

5 2 7 4   1 4 6   2 7 3

2 5   3 5   5 9   2   6   7   9

191

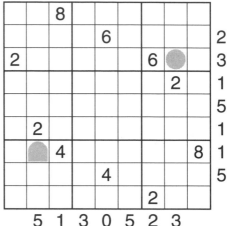

		8							
			6						2
2						6	●		3
							2		1
									5
	2								1
	●	4						8	1
			4						5
						2			
5	1	3	0	5	2	3			

1 3 7 9   1 3 5   5 7 9

1 3   1 9   7 9   3 3 9 9

192

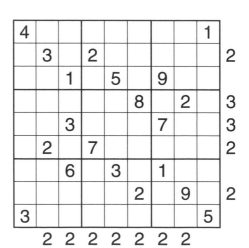

4								1	
	3		2						2
		1		5		9			
				8		2			3
		3				7			3
	2		7						2
		6		3		1			
				2		9			2
3								5	
2	2	2	2	2	2	2			

1 2 4 7   1 2 4   3 2 7

1 6   1 9   4 8   3 4 8 9

		7				3			**2**
			1		9				
2				4				8	**4**
	4						6		**1**
		1				9			**5**
	6						4		**1**
8				1				2	**4**
		5		3					
		9				1			**2**
3		**4**	**2**	**3**		**5**			

3 4 9 7 1 2 5 7 5 9

2 3 2 4 5 7 3 5 8 9

5							9		**2**
	4							8	
1					7				
				9	6				**1**
									6
		4	1						**1**
			3				6		
2							1		
	1						5		**2**
0	**3**	**1**	**7**	**1**	**4**	**0**			

3 6 5 7 1 7 9 2 3 5

1 2 5 6 6 8 1 3 4 7

195

3								9	3
	1		9		5		8		0
		5				7			4
	7		6						1
		9				1			4
					4		3		1
		3				9			3
	2		5		3		1		1
1								7	3
4	2	2	2	2	2	0	2	4	

4 2 8 6   4 2 8   4 2 8

2 6 4 6   6 8   2 2 4 8

196

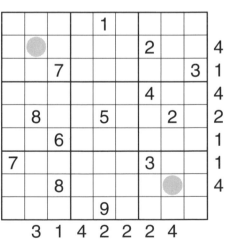

				1					
						2			4
		7						3	1
						4			4
	8			5			2		2
		6							1
7						3			1
		8							4
				9					
3	1	4	2	2	2	4			

2 5 9 6   6 3 8   6 9 7

2 5 4 6   5 6   1 1 1 1

197

			5	8				9	
		6				5		7	2
			7						
		7					5		
5		9				8		4	3
	4					6			
					6				
6		4				9			2
9				7	8				
1	4	1		3		1	4	1	

4123 123 219

13 14 15 1 3 3 6

198

8									0
		1							
	6		2						0
	5	4	3						
									0
					7	6	5		
					8		4		0
						9			
								7	0
		1		1	0		2		

1823 192 476

23 27 45 3 4 7 8

199

		9		6					
	8		5						2
7			4			9			
		3						6	
	2			8			5		2
1						4			
		7			3			9	
				2			8		2
			1			7			

1   4   4   1

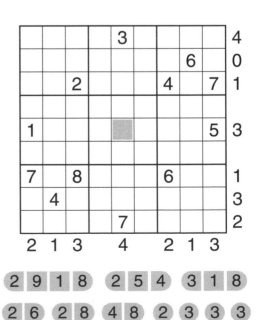

2 8 1 4   3 1 8   5 8 6

5 6 5 6 5 6 2 2 7 7

200

			3					4
					6			0
	2			4		7		1
1			▨			5		3
7		8			6			1
	4							3
			7					2

2 1 3   4   2 1 3

2 9 1 8   2 5 4   3 1 8

2 6 2 8 4 8 2 3 3 3

ANSWERS

1

1	3	4	6	2	5
6	2	5	1	3	4
2	4	1	3	5	6
3	5	6	2	4	1
4	6	2	5	1	3
5	1	3	4	6	2

2

5	4	6	2	3	1
1	3	2	4	5	6
4	1	3	6	2	5
6	2	5	3	1	4
3	6	1	5	4	2
2	5	4	1	6	3

3

1	5	6	2	4	3
3	2	4	5	6	1
5	4	3	6	1	2
2	6	1	4	3	5
6	3	2	1	5	4
4	1	5	3	2	6

4

1	6	2	4	3	5
4	5	3	6	1	2
2	4	1	3	5	6
6	3	5	1	2	4
5	1	6	2	4	3
3	2	4	5	6	1

5

3	1	6	4	2	5
4	2	5	1	6	3
5	3	1	2	4	6
2	6	4	3	5	1
1	5	2	6	3	4
6	4	3	5	1	2

6

1	5	2	3	4	6
4	3	6	2	1	5
5	2	1	6	3	4
3	6	4	5	2	1
6	1	3	4	5	2
2	4	5	1	6	3

7

<table>
<tr><td>4</td><td>2</td><td>6</td><td>(1)</td><td>3</td><td>5</td></tr>
<tr><td>5</td><td>(1)</td><td>3</td><td>2</td><td>6</td><td>(4)</td></tr>
<tr><td>6</td><td>5</td><td>2</td><td>4</td><td>1</td><td>(3)</td></tr>
<tr><td>1</td><td>(3)</td><td>(4)</td><td>(5)</td><td>2</td><td>6</td></tr>
<tr><td>3</td><td>4</td><td>1</td><td>6</td><td>5</td><td>(2)</td></tr>
<tr><td>(2)</td><td>6</td><td>5</td><td>3</td><td>4</td><td>(1)</td></tr>
</table>

8

<table>
<tr><td>1</td><td>4</td><td>(6)</td><td>3</td><td>5</td><td>2</td></tr>
<tr><td>(5)</td><td>3</td><td>(2)</td><td>6</td><td>(1)</td><td>4</td></tr>
<tr><td>3</td><td>2</td><td>1</td><td>4</td><td>(6)</td><td>5</td></tr>
<tr><td>(6)</td><td>5</td><td>(4)</td><td>2</td><td>3</td><td>1</td></tr>
<tr><td>2</td><td>1</td><td>(3)</td><td>5</td><td>4</td><td>(6)</td></tr>
<tr><td>4</td><td>6</td><td>(5)</td><td>1</td><td>2</td><td>3</td></tr>
</table>

9

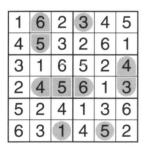

<table>
<tr><td>1</td><td>(6)</td><td>2</td><td>(3)</td><td>4</td><td>5</td></tr>
<tr><td>4</td><td>(5)</td><td>3</td><td>2</td><td>6</td><td>1</td></tr>
<tr><td>3</td><td>1</td><td>6</td><td>5</td><td>2</td><td>(4)</td></tr>
<tr><td>2</td><td>(4)</td><td>(5)</td><td>(6)</td><td>1</td><td>(3)</td></tr>
<tr><td>5</td><td>2</td><td>4</td><td>1</td><td>3</td><td>6</td></tr>
<tr><td>6</td><td>3</td><td>(1)</td><td>4</td><td>(5)</td><td>2</td></tr>
</table>

10

<table>
<tr><td>(2)</td><td>7</td><td>(3)</td><td>5</td><td>1</td><td>(8)</td><td>(4)</td><td>6</td><td>9</td></tr>
<tr><td>8</td><td>9</td><td>5</td><td>4</td><td>6</td><td>2</td><td>1</td><td>7</td><td>3</td></tr>
<tr><td>1</td><td>6</td><td>4</td><td>9</td><td>3</td><td>7</td><td>8</td><td>2</td><td>(5)</td></tr>
<tr><td>(6)</td><td>1</td><td>(9)</td><td>8</td><td>7</td><td>3</td><td>2</td><td>5</td><td>(4)</td></tr>
<tr><td>4</td><td>8</td><td>2</td><td>1</td><td>(9)</td><td>5</td><td>7</td><td>3</td><td>6</td></tr>
<tr><td>5</td><td>3</td><td>7</td><td>6</td><td>(2)</td><td>4</td><td>(9)</td><td>8</td><td>(1)</td></tr>
<tr><td>7</td><td>(4)</td><td>8</td><td>3</td><td>5</td><td>9</td><td>6</td><td>1</td><td>2</td></tr>
<tr><td>3</td><td>(2)</td><td>1</td><td>7</td><td>4</td><td>6</td><td>5</td><td>9</td><td>8</td></tr>
<tr><td>9</td><td>(5)</td><td>6</td><td>2</td><td>8</td><td>(1)</td><td>(3)</td><td>4</td><td>(7)</td></tr>
</table>

11

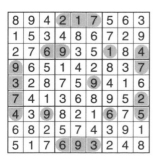

<table>
<tr><td>8</td><td>9</td><td>4</td><td>(2)</td><td>(1)</td><td>(7)</td><td>5</td><td>6</td><td>3</td></tr>
<tr><td>1</td><td>5</td><td>3</td><td>4</td><td>8</td><td>6</td><td>7</td><td>2</td><td>9</td></tr>
<tr><td>2</td><td>7</td><td>(6)</td><td>(9)</td><td>3</td><td>5</td><td>(1)</td><td>8</td><td>(4)</td></tr>
<tr><td>(9)</td><td>6</td><td>5</td><td>1</td><td>4</td><td>2</td><td>8</td><td>3</td><td>(7)</td></tr>
<tr><td>(3)</td><td>2</td><td>8</td><td>7</td><td>5</td><td>(9)</td><td>4</td><td>1</td><td>6</td></tr>
<tr><td>(7)</td><td>4</td><td>1</td><td>3</td><td>6</td><td>8</td><td>9</td><td>5</td><td>(2)</td></tr>
<tr><td>(4)</td><td>3</td><td>(9)</td><td>8</td><td>2</td><td>1</td><td>(6)</td><td>7</td><td>(5)</td></tr>
<tr><td>6</td><td>8</td><td>2</td><td>5</td><td>7</td><td>4</td><td>3</td><td>9</td><td>1</td></tr>
<tr><td>5</td><td>1</td><td>7</td><td>(6)</td><td>(9)</td><td>(3)</td><td>2</td><td>4</td><td>8</td></tr>
</table>

12

<table>
<tr><td>(5)</td><td>3</td><td>7</td><td>1</td><td>(8)</td><td>2</td><td>9</td><td>4</td><td>(6)</td></tr>
<tr><td>(6)</td><td>4</td><td>2</td><td>9</td><td>3</td><td>7</td><td>1</td><td>5</td><td>8</td></tr>
<tr><td>1</td><td>8</td><td>9</td><td>(4)</td><td>6</td><td>(5)</td><td>(7)</td><td>3</td><td>2</td></tr>
<tr><td>4</td><td>6</td><td>8</td><td>(3)</td><td>5</td><td>1</td><td>2</td><td>9</td><td>7</td></tr>
<tr><td>3</td><td>7</td><td>1</td><td>(6)</td><td>2</td><td>(9)</td><td>(5)</td><td>(8)</td><td>4</td></tr>
<tr><td>2</td><td>(9)</td><td>5</td><td>(8)</td><td>7</td><td>4</td><td>6</td><td>1</td><td>3</td></tr>
<tr><td>7</td><td>(1)</td><td>4</td><td>2</td><td>9</td><td>8</td><td>3</td><td>6</td><td>5</td></tr>
<tr><td>8</td><td>5</td><td>3</td><td>7</td><td>1</td><td>6</td><td>4</td><td>2</td><td>9</td></tr>
<tr><td>(9)</td><td>2</td><td>6</td><td>(5)</td><td>4</td><td>3</td><td>8</td><td>(7)</td><td>(1)</td></tr>
</table>

13

8	2	4	6	1	5	9	3	7
3	9	5	4	7	8	2	1	6
6	1	7	9	3	2	4	8	5
4	7	1	3	8	9	6	5	2
9	8	3	2	5	6	7	4	1
5	6	2	1	4	7	8	9	3
7	3	6	8	9	1	5	2	4
2	4	9	5	6	3	1	7	8
1	5	8	7	2	4	3	6	9

14

1	6	5	3	2	7	4	8	9
7	2	4	8	9	6	3	5	1
9	8	3	1	4	5	2	7	6
6	4	9	7	3	2	8	1	5
5	3	7	6	8	1	9	4	2
2	1	8	4	5	9	6	3	7
4	9	2	5	7	3	1	6	8
3	5	1	9	6	8	7	2	4
8	7	6	2	1	4	5	9	3

15

7	9	1	4	5	6	3	2	8
4	6	8	3	7	2	9	5	1
5	3	2	1	8	9	7	4	6
3	5	6	7	1	4	2	8	9
2	1	4	8	9	3	5	6	7
9	8	7	6	2	5	4	1	3
8	4	5	9	6	7	1	3	2
1	2	9	5	3	8	6	7	4
6	7	3	2	4	1	8	9	5

16

9	5	4	2	3	6	7	1	8
2	7	6	9	8	1	5	4	3
1	8	3	4	5	7	9	2	6
7	9	5	6	2	4	8	3	1
3	6	2	1	9	8	4	5	7
4	1	8	3	7	5	6	9	2
6	2	9	7	4	3	1	8	5
5	3	1	8	6	9	2	7	4
8	4	7	5	1	2	3	6	9

17

8	1	3	5	7	9	2	6	4
7	5	2	6	4	8	9	3	1
6	4	9	3	2	1	5	7	8
5	9	4	8	6	3	7	1	2
2	6	1	7	9	5	4	8	3
3	8	7	4	1	2	6	5	9
1	2	8	9	5	7	3	4	6
9	7	6	1	3	4	8	2	5
4	3	5	2	8	6	1	9	7

18

6	2	7	5	4	9	1	3	8
1	5	9	7	3	8	2	4	6
4	8	3	1	2	6	9	5	7
8	3	1	2	6	4	7	9	5
7	6	4	9	5	1	8	2	3
5	9	2	3	8	7	6	1	4
9	1	8	4	7	5	3	6	2
2	4	6	8	1	3	5	7	9
3	7	5	6	9	2	4	8	1

19

9	8	2	5	1	3	6	4	7
3	7	6	4	8	2	9	5	1
1	4	5	7	6	9	8	3	2
6	1	7	3	4	8	5	2	9
5	3	8	2	9	7	1	6	4
2	9	4	1	5	6	3	7	8
7	6	1	8	3	4	2	9	5
8	2	3	9	7	5	4	1	6
4	5	9	6	2	1	7	8	3

20

9	6	8	3	4	7	2	1	5
1	3	5	8	9	2	4	7	6
4	2	7	1	5	6	9	3	8
6	7	1	4	2	8	3	5	9
2	8	9	5	7	3	6	4	1
3	5	4	9	6	1	8	2	7
7	1	3	6	8	4	5	9	2
8	9	2	7	3	5	1	6	4
5	4	6	2	1	9	7	8	3

21

5	4	7	3	1	2	6	8	9
8	1	9	6	7	5	2	3	4
3	6	2	8	4	9	7	5	1
2	9	1	4	3	8	5	6	7
6	3	8	1	5	7	4	9	2
7	5	4	9	2	6	3	1	8
4	2	3	5	9	1	8	7	6
9	7	6	2	8	3	1	4	5
1	8	5	7	6	4	9	2	3

22

5	3	7	8	1	2	4	9	6
1	4	8	7	9	6	5	2	3
6	9	2	4	3	5	8	7	1
4	7	9	1	2	8	3	6	5
3	5	1	9	6	4	2	8	7
2	8	6	5	7	3	9	1	4
7	2	4	3	8	1	6	5	9
8	1	5	6	4	9	7	3	2
9	6	3	2	5	7	1	4	8

23

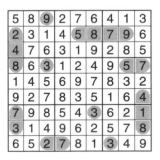

5	8	9	2	7	6	4	1	3
2	3	1	4	5	8	7	9	6
4	7	6	3	1	9	2	8	5
8	6	3	1	2	4	9	5	7
1	4	5	6	9	7	8	3	2
9	2	7	8	3	5	1	6	4
7	9	8	5	4	3	6	2	1
3	1	4	9	6	2	5	7	8
6	5	2	7	8	1	3	4	9

24

8	9	3	4	2	6	7	1	5
6	2	5	9	7	1	4	8	3
1	7	4	5	8	3	2	6	9
7	6	8	3	4	9	1	5	2
4	1	9	2	5	7	8	3	6
5	3	2	1	6	8	9	4	7
9	4	6	8	3	2	5	7	1
3	8	1	7	9	5	6	2	4
2	5	7	6	1	4	3	9	8

25

3	9	7	1	6	4	5	8	2
4	1	6	5	2	8	7	3	9
8	5	2	9	3	7	4	1	6
7	6	8	4	1	9	3	2	5
9	4	1	2	5	3	6	7	8
2	3	5	8	7	6	9	4	1
5	2	9	7	4	1	8	6	3
1	7	3	6	8	5	2	9	4
6	8	4	3	9	2	1	5	7

26

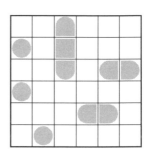

27

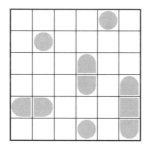

28

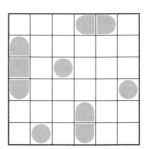

29

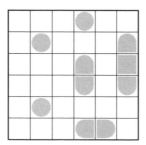

30

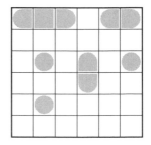

31

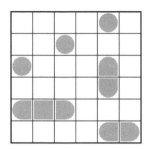

32

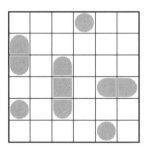

33

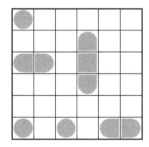

34

35

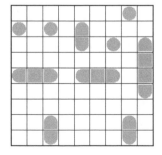

36

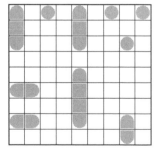

37

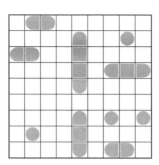

38

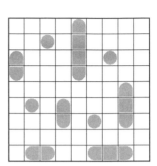

39

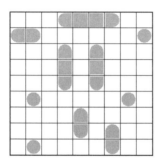

40

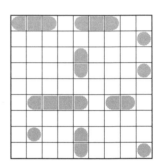

41

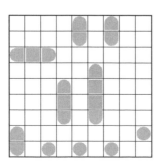

42

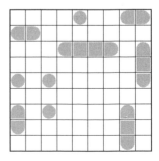

43

44

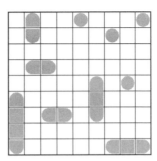

45

46

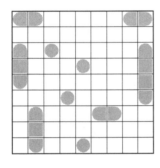

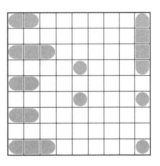

47

48

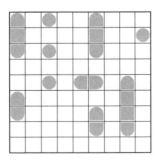

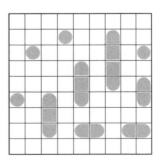

49

50

51

3	5	6	1	4	2
2	1	4	6	5	3
4	2	1	3	6	5
5	6	3	4	2	1
6	3	5	2	1	4
1	4	2	5	3	6

52

3	1	6	5	2	4
5	2	4	1	3	6
1	3	5	6	4	2
6	4	2	3	5	1
2	5	1	4	6	3
4	6	3	2	1	5

53

1	4	3	2	6	5
5	2	6	3	4	1
4	5	2	6	1	3
3	6	1	5	2	4
6	3	4	1	5	2
2	1	5	4	3	6

54

6	2	4	3	1	5
5	3	1	4	6	2
2	4	6	1	5	3
3	1	5	6	2	4
4	6	2	5	3	1
1	5	3	2	4	6

55

5	3	2	6	4	1
4	1	6	5	2	3
3	5	1	4	6	2
6	2	4	3	1	5
1	6	3	2	5	4
2	4	5	1	3	6

56

4	6	1	3	2	5
2	5	3	6	1	4
3	2	5	1	4	6
1	4	6	2	5	3
5	3	2	4	6	1
6	1	4	5	3	2

57

6	2	5	1	3	4
1	3	4	5	6	2
3	6	1	4	2	5
5	4	2	6	1	3
4	1	3	2	5	6
2	5	6	3	4	1

58

4	1	2	6	3	5
6	5	3	1	4	2
1	3	5	4	2	6
2	4	6	3	5	1
5	6	4	2	1	3
3	2	1	5	6	4

59

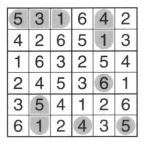

5	3	1	6	4	2
4	2	6	5	1	3
1	6	3	2	5	4
2	4	5	3	6	1
3	5	4	1	2	6
6	1	2	4	3	5

60

1	4	6	5	2	3
2	3	5	4	6	1
3	5	2	6	1	4
4	6	1	2	3	5
6	1	4	3	5	2
5	2	3	1	4	6

61

5	1	2	4	6	3
4	3	6	1	2	5
1	2	5	3	4	6
6	4	3	5	1	2
2	5	4	6	3	1
3	6	1	2	5	4

62

1	3	6	5	2	4
4	5	2	3	1	6
3	6	4	1	5	2
5	2	1	4	6	3
6	1	3	2	4	5
2	4	5	6	3	1

63

1	3	2	5	6	4
5	6	4	1	2	3
2	4	3	6	1	5
6	1	5	4	3	2
4	2	1	3	5	6
3	5	6	2	4	1

64

1	2	5	3	6	4
4	6	3	1	5	2
3	1	6	2	4	5
2	5	4	6	1	3
5	3	1	4	2	6
6	4	2	5	3	1

65

3	2	6	4	5	1
5	4	1	6	3	2
1	5	3	2	6	4
2	6	4	5	1	3
6	3	2	1	4	5
4	1	5	3	2	6

66

1	3	5	6	4	2
2	4	6	3	1	5
4	6	3	2	5	1
5	1	2	4	6	3
6	2	1	5	3	4
3	5	4	1	2	6

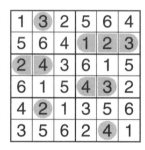

67

4	1	3	6	2	5
6	5	2	3	4	1
5	2	1	4	3	6
3	6	4	1	5	2
2	3	6	5	1	4
1	4	5	2	6	3

68

1	6	5	3	4	2
2	3	4	5	6	1
6	2	1	4	5	3
4	5	3	2	1	6
5	1	2	6	3	4
3	4	6	1	2	5

69

4	1	3	5	2	6
2	5	6	4	1	3
6	3	5	2	4	1
1	2	4	6	3	5
3	6	2	1	5	4
5	4	1	3	6	2

70

2	5	1	6	4	3
4	6	3	5	1	2
5	3	4	2	6	1
1	2	6	4	3	5
6	1	2	3	5	4
3	4	5	1	2	6

71

2	4	3	6	5	1
1	6	5	4	3	2
4	2	6	5	1	3
3	5	1	2	6	4
6	3	4	1	2	5
5	1	2	3	4	6

72

5	1	2	6	3	4
6	4	3	5	2	1
4	3	1	2	5	6
2	6	5	1	4	3
3	5	6	4	1	2
1	2	4	3	6	5

73

1	2	4	3	6	5
3	6	5	4	2	1
4	1	6	5	3	2
5	3	2	1	4	6
6	5	3	2	1	4
2	4	1	6	5	3

74

2	6	4	1	5	3
1	3	5	6	4	2
4	2	6	5	3	1
5	1	3	2	6	4
6	4	1	3	2	5
3	5	2	4	1	6

75

6	4	5	2	1	3
2	1	3	5	6	4
5	3	2	6	4	1
4	6	1	3	2	5
1	5	6	4	3	2
3	2	4	1	5	6

76

3	1	6	2	5	4
2	4	5	1	6	3
6	5	4	3	2	1
1	2	3	6	4	5
5	6	1	4	3	2
4	3	2	5	1	6

77

6	2	5	3	1	4
3	4	1	5	2	6
5	1	2	6	4	3
4	6	3	1	5	2
2	5	6	4	3	1
1	3	4	2	6	5

78

6	1	3	5	2	4
5	2	4	3	6	1
3	6	5	4	1	2
1	4	2	6	3	5
4	3	1	2	5	6
2	5	6	1	4	3

79

6	4	2	5	1	3
3	5	1	2	6	4
5	1	3	6	4	2
4	2	6	1	3	5
2	6	4	3	5	1
1	3	5	4	2	6

80

3	6	5	2	4	1
1	4	2	5	6	3
4	5	6	3	1	2
2	3	1	6	5	4
5	2	4	1	3	6
6	1	3	4	2	5

81

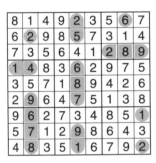

8	1	4	9	2	3	5	6	7
6	2	9	8	5	7	3	1	4
7	3	5	6	4	1	2	8	9
1	4	8	3	6	2	9	7	5
3	5	7	1	8	9	4	2	6
2	9	6	4	7	5	1	3	8
9	6	2	7	3	4	8	5	1
5	7	1	2	9	8	6	4	3
4	8	3	5	1	6	7	9	2

82

2	7	3	4	1	6	9	5	8
1	6	5	8	3	9	7	2	4
9	8	4	5	7	2	3	1	6
5	3	8	2	9	7	6	4	1
6	9	1	3	4	8	2	7	5
7	4	2	1	6	5	8	9	3
3	2	6	7	5	1	4	8	9
8	1	9	6	2	4	5	3	7
4	5	7	9	8	3	1	6	2

83

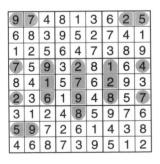

9	7	4	8	1	3	6	2	5
6	8	3	9	5	2	7	4	1
1	2	5	6	4	7	3	8	9
7	5	9	3	2	8	1	6	4
8	4	1	5	7	6	2	9	3
2	3	6	1	9	4	8	5	7
3	1	2	4	8	5	9	7	6
5	9	7	2	6	1	4	3	8
4	6	8	7	3	9	5	1	2

84

9	5	6	3	2	4	7	1	8
1	2	7	9	6	8	5	3	4
4	8	3	7	5	1	6	2	9
7	4	1	6	3	5	9	8	2
5	3	2	8	1	9	4	6	7
6	9	8	4	7	2	3	5	1
3	1	5	2	9	7	8	4	6
2	7	4	5	8	6	1	9	3
8	6	9	1	4	3	2	7	5

85

2	1	5	8	9	7	3	4	6
3	4	9	2	5	6	7	1	8
7	6	8	3	4	1	9	5	2
4	9	2	5	7	3	8	6	1
6	8	7	9	1	4	5	2	3
1	5	3	6	8	2	4	7	9
9	7	1	4	2	8	6	3	5
8	2	6	7	3	5	1	9	4
5	3	4	1	6	9	2	8	7

86

7	1	4	5	9	6	8	3	2
6	5	3	4	8	2	7	1	9
9	8	2	3	7	1	4	6	5
5	9	8	1	4	3	6	2	7
2	7	1	6	5	8	9	4	3
3	4	6	7	2	9	5	8	1
8	6	5	2	3	7	1	9	4
4	3	9	8	1	5	2	7	6
1	2	7	9	6	4	3	5	8

87

2	1	8	9	6	3	5	4	7
9	6	7	4	8	5	3	2	1
3	5	4	2	1	7	6	9	8
1	3	9	6	2	8	7	5	4
4	8	5	7	3	1	2	6	9
7	2	6	5	4	9	8	1	3
5	9	2	3	7	4	1	8	6
8	4	3	1	5	6	9	7	2
6	7	1	8	9	2	4	3	5

88

4	7	6	3	9	1	5	8	2
5	2	3	8	6	4	9	1	7
1	9	8	5	7	2	4	6	3
8	1	2	9	5	3	7	4	6
6	5	7	2	4	8	1	3	9
9	3	4	7	1	6	2	5	8
2	6	5	1	3	7	8	9	4
7	4	9	6	8	5	3	2	1
3	8	1	4	2	9	6	7	5

89

1	8	5	7	3	9	4	6	2
9	2	7	5	4	6	8	1	3
3	6	4	8	2	1	9	7	5
2	7	6	9	8	5	3	4	1
5	3	1	2	6	4	7	9	8
4	9	8	1	7	3	2	5	6
6	4	9	3	1	2	5	8	7
7	1	3	4	5	8	6	2	9
8	5	2	6	9	7	1	3	4

90

5	7	6	4	1	2	3	8	9
1	2	3	5	8	9	4	7	6
8	9	4	3	7	6	5	1	2
7	6	5	1	2	3	9	4	8
3	1	2	8	9	4	6	5	7
4	8	9	7	6	5	1	2	3
6	5	1	2	3	7	8	9	4
2	3	8	9	4	1	7	6	5
9	4	7	6	5	8	2	3	1

91

8	2	5	1	4	9	6	3	7
9	3	7	2	8	6	4	5	1
6	4	1	3	5	7	2	8	9
1	5	9	6	7	3	8	4	2
3	7	6	8	2	4	9	1	5
2	8	4	9	1	5	3	7	6
7	9	3	5	6	8	1	2	4
5	6	2	4	3	1	7	9	8
4	1	8	7	9	2	5	6	3

92

1	2	3	5	4	9	7	8	6
4	5	6	8	3	7	2	1	9
8	9	7	1	2	6	5	3	4
3	8	2	4	9	5	1	6	7
5	1	4	6	7	3	8	9	2
6	7	9	2	1	8	4	5	3
9	4	5	7	6	1	3	2	8
7	3	8	9	5	2	6	4	1
2	6	1	3	8	4	9	7	5

93

8	5	3	7	1	6	9	4	2
6	9	1	2	3	4	5	8	7
2	7	4	8	5	9	3	6	1
4	1	8	9	2	5	7	3	6
9	2	6	3	7	1	4	5	8
5	3	7	6	4	8	2	1	9
1	6	2	5	9	3	8	7	4
7	8	5	4	6	2	1	9	3
3	4	9	1	8	7	6	2	5

94

7	3	6	2	9	5	4	8	1
8	9	4	1	7	3	6	5	2
1	2	5	4	6	8	3	9	7
6	7	8	5	2	9	1	3	4
2	4	1	3	8	6	5	7	9
3	5	9	7	4	1	2	6	8
9	1	3	8	5	2	7	4	6
5	8	7	6	1	4	9	2	3
4	6	2	9	3	7	8	1	5

95

1	2	7	3	5	9	6	4	8
4	3	8	7	6	1	2	5	9
6	5	9	2	4	8	7	1	3
7	8	6	4	9	2	1	3	5
3	9	4	6	1	5	8	7	2
2	1	5	8	7	3	9	6	4
9	4	3	1	8	7	5	2	6
5	7	2	9	3	6	4	8	1
8	6	1	5	2	4	3	9	7

96

4	1	7	8	6	3	2	9	5
9	3	5	4	2	7	8	1	6
2	8	6	1	5	9	3	4	7
3	2	9	5	8	6	4	7	1
6	7	4	9	3	1	5	8	2
8	5	1	2	7	4	6	3	9
7	9	8	6	4	2	1	5	3
5	6	3	7	1	8	9	2	4
1	4	2	3	9	5	7	6	8

97

6	3	8	2	9	1	7	4	5
9	1	2	4	7	5	6	3	8
7	4	5	3	6	8	2	1	9
2	8	7	6	4	3	5	9	1
3	6	4	1	5	9	8	2	7
5	9	1	7	8	2	3	6	4
4	5	3	8	1	6	9	7	2
8	7	6	9	2	4	1	5	3
1	2	9	5	3	7	4	8	6

98

5	1	4	7	6	3	2	9	8
2	6	8	9	1	5	7	4	3
7	3	9	4	8	2	5	6	1
1	7	3	8	9	6	4	2	5
8	2	6	1	5	4	9	3	7
9	4	5	2	3	7	1	8	6
4	5	1	6	2	8	3	7	9
3	8	7	5	4	9	6	1	2
6	9	2	3	7	1	8	5	4

99

6	1	8	4	2	3	5	9	7
7	4	3	5	6	9	1	2	8
9	2	5	8	7	1	6	4	3
8	9	7	2	3	6	4	1	5
1	3	2	7	5	4	8	6	9
4	5	6	9	1	8	3	7	2
3	8	9	6	4	7	2	5	1
5	7	4	1	8	2	9	3	6
2	6	1	3	9	5	7	8	4

100

7	5	4	8	9	6	1	3	2
1	8	3	7	5	2	6	4	9
6	2	9	1	3	4	5	7	8
4	9	2	5	6	7	3	8	1
3	6	1	2	8	9	4	5	7
5	7	8	3	4	1	9	2	6
8	1	5	9	7	3	2	6	4
9	3	6	4	2	8	7	1	5
2	4	7	6	1	5	8	9	3

101

8	7	6	3	4	5	1	9	2
3	9	2	8	1	7	6	4	5
4	1	5	2	9	6	8	7	3
1	6	4	5	7	9	2	3	8
7	5	8	1	2	3	9	6	4
9	2	3	4	6	8	5	1	7
5	8	9	7	3	1	4	2	6
6	4	7	9	8	2	3	5	1
2	3	1	6	5	4	7	8	9

102

9	4	8	3	5	1	7	6	2
3	1	2	6	7	8	9	5	4
7	5	6	2	9	4	1	3	8
1	8	4	5	2	7	3	9	6
6	3	7	1	4	9	8	2	5
2	9	5	8	6	3	4	7	1
5	7	1	4	3	6	2	8	9
4	2	3	9	8	5	6	1	7
8	6	9	7	1	2	5	4	3

103

1	4	8	9	5	3	7	6	2
6	5	3	2	7	8	9	4	1
7	2	9	1	6	4	5	3	8
9	3	1	6	2	5	4	8	7
2	8	4	7	3	1	6	9	5
5	6	7	8	4	9	1	2	3
4	7	5	3	8	6	2	1	9
3	9	6	5	1	2	8	7	4
8	1	2	4	9	7	3	5	6

104

4	9	1	3	6	8	7	5	2
7	8	3	2	5	4	6	9	1
5	6	2	7	1	9	4	3	8
1	2	5	6	3	7	8	4	9
9	3	7	4	8	5	1	2	6
6	4	8	9	2	1	3	7	5
3	1	9	5	4	6	2	8	7
2	5	6	8	7	3	9	1	4
8	7	4	1	9	2	5	6	3

105

1	6	4	7	5	9	3	8	2
3	9	8	2	6	1	4	7	5
2	7	5	8	3	4	1	6	9
8	1	2	4	7	3	9	5	6
4	5	7	6	9	2	8	3	1
9	3	6	1	8	5	7	2	4
6	4	3	9	2	8	5	1	7
5	2	1	3	4	7	6	9	8
7	8	9	5	1	6	2	4	3

106

3	5	9	4	8	6	7	2	1
1	7	8	2	3	9	4	6	5
4	6	2	5	1	7	9	8	3
6	9	3	8	5	1	2	7	4
8	4	1	7	9	2	3	5	6
7	2	5	3	6	4	8	1	9
9	1	4	6	7	8	5	3	2
2	3	7	1	4	5	6	9	8
5	8	6	9	2	3	1	4	7

107

5	8	1	3	6	4	9	2	7
3	6	7	2	1	9	4	5	8
4	9	2	5	7	8	3	1	6
2	3	6	1	5	7	8	9	4
1	7	9	4	8	2	5	6	3
8	5	4	6	9	3	2	7	1
7	2	5	8	3	6	1	4	9
6	1	3	9	4	5	7	8	2
9	4	8	7	2	1	6	3	5

108

4	7	5	3	9	2	6	8	1
3	1	6	8	7	4	9	5	2
2	9	8	6	1	5	7	4	3
1	3	7	2	5	9	8	6	4
5	8	9	4	3	6	2	1	7
6	4	2	1	8	7	5	3	9
7	6	3	9	4	8	1	2	5
8	5	1	7	2	3	4	9	6
9	2	4	5	6	1	3	7	8

109

6	3	7	2	5	9	1	8	4
8	4	2	3	6	1	7	5	9
9	1	5	7	4	8	2	6	3
3	7	6	5	9	4	8	2	1
2	5	8	1	7	3	4	9	6
1	9	4	6	8	2	3	7	5
5	8	3	9	1	7	6	4	2
7	2	9	4	3	6	5	1	8
4	6	1	8	2	5	9	3	7

110

3	6	1	8	4	2	5	9	7
8	7	4	9	1	5	2	3	6
2	5	9	3	7	6	1	8	4
4	1	6	5	2	8	3	7	9
7	3	8	1	9	4	6	2	5
5	9	2	7	6	3	8	4	1
1	4	5	2	8	7	9	6	3
9	2	7	6	3	1	4	5	8
6	8	3	4	5	9	7	1	2

111

7	1	9	8	6	2	3	4	5
4	5	3	7	1	9	8	2	6
6	2	8	4	3	5	7	9	1
1	8	4	6	7	3	2	5	9
2	7	6	5	9	8	4	1	3
9	3	5	1	2	4	6	8	7
3	6	2	9	8	1	5	7	4
5	9	7	2	4	6	1	3	8
8	4	1	3	5	7	9	6	2

112

4	3	8	1	5	9	6	7	2
5	9	2	4	7	6	8	1	3
6	7	1	8	3	2	9	5	4
1	2	7	6	4	5	3	8	9
3	5	6	9	8	1	2	4	7
8	4	9	3	2	7	5	6	1
2	1	5	7	9	8	4	3	6
7	8	4	2	6	3	1	9	5
9	6	3	5	1	4	7	2	8

113

5	6	9	7	2	8	1	3	4
1	2	7	4	3	9	6	8	5
3	8	4	1	5	6	9	7	2
6	9	2	3	7	1	4	5	8
8	4	3	9	6	5	2	1	7
7	1	5	8	4	2	3	6	9
2	3	6	5	9	7	8	4	1
4	5	1	2	8	3	7	9	6
9	7	8	6	1	4	5	2	3

114

6	4	8	1	5	3	7	2	9
5	9	2	4	7	6	8	3	1
3	1	7	8	2	9	6	5	4
2	3	9	6	1	5	4	7	8
7	8	1	2	9	4	3	6	5
4	5	6	7	3	8	1	9	2
8	7	5	3	4	2	9	1	6
9	6	3	5	8	1	2	4	7
1	2	4	9	6	7	5	8	3

115

6	2	8	4	1	5	3	7	9
4	9	3	8	2	7	5	6	1
7	5	1	9	3	6	8	4	2
1	4	2	6	9	8	7	3	5
8	6	7	3	5	1	9	2	4
5	3	9	2	7	4	6	1	8
2	8	4	5	6	3	1	9	7
3	1	5	7	4	9	2	8	6
9	7	6	1	8	2	4	5	3

116

1	7	6	4	2	5	9	3	8
8	5	3	7	6	9	1	2	4
9	4	2	3	8	1	7	5	6
7	3	1	2	4	6	8	9	5
2	9	8	1	5	7	4	6	3
4	6	5	8	9	3	2	1	7
5	1	4	6	7	2	3	8	9
6	2	7	9	3	8	5	4	1
3	8	9	5	1	4	6	7	2

117

7	9	1	8	4	5	2	6	3
6	5	8	2	3	9	1	4	7
3	4	2	1	6	7	8	9	5
9	8	6	3	7	2	5	1	4
1	2	3	4	5	6	7	8	9
5	7	4	9	8	1	3	2	6
8	3	5	6	2	4	9	7	1
2	6	9	7	1	3	4	5	8
4	1	7	5	9	8	6	3	2

118

1	3	7	5	6	9	4	2	8
6	4	8	1	2	3	5	9	7
2	5	9	8	7	4	6	1	3
4	6	1	9	3	8	7	5	2
9	7	2	4	5	6	8	3	1
5	8	3	2	1	7	9	4	6
7	1	5	6	9	2	3	8	4
3	9	4	7	8	1	2	6	5
8	2	6	3	4	5	1	7	9

119

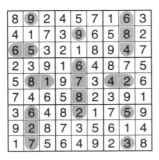

8	9	2	4	5	7	1	6	3
4	1	7	3	9	6	5	8	2
6	5	3	2	1	8	9	4	7
2	3	9	1	6	4	8	7	5
5	8	1	9	7	3	4	2	6
7	4	6	5	8	2	3	9	1
3	6	4	8	2	1	7	5	9
9	2	8	7	3	5	6	1	4
1	7	5	6	4	9	2	3	8

120

2	4	6	1	8	3	7	9	5
7	9	5	4	6	2	3	8	1
1	3	8	5	9	7	6	4	2
3	8	2	7	5	1	9	6	4
5	7	9	8	4	6	1	2	3
6	1	4	3	2	9	8	5	7
9	6	1	2	3	4	5	7	8
8	2	3	9	7	5	4	1	6
4	5	7	6	1	8	2	3	9

121

1	5	8	6	2	7	9	3	4
3	2	7	9	5	4	8	1	6
6	9	4	3	1	8	2	5	7
4	7	5	2	8	3	6	9	1
9	6	2	5	7	1	4	8	3
8	3	1	4	9	6	5	7	2
5	4	3	1	6	9	7	2	8
2	8	6	7	3	5	1	4	9
7	1	9	8	4	2	3	6	5

122

1	5	8	7	3	2	6	9	4
7	6	3	9	4	1	2	8	5
4	9	2	5	8	6	1	7	3
3	1	6	2	7	4	8	5	9
5	8	7	3	1	9	4	6	2
2	4	9	6	5	8	3	1	7
8	3	4	1	9	7	5	2	6
9	2	1	4	6	5	7	3	8
6	7	5	8	2	3	9	4	1

123

8	5	6	9	2	4	7	3	1
4	1	3	7	5	6	9	8	2
2	9	7	1	8	3	4	6	5
5	3	1	2	7	9	6	4	8
9	2	4	6	3	8	1	5	7
6	7	8	5	4	1	3	2	9
1	8	9	4	6	5	2	7	3
3	6	2	8	9	7	5	1	4
7	4	5	3	1	2	8	9	6

124

9	4	2	6	3	7	5	8	1
5	8	7	9	1	4	6	2	3
3	1	6	8	5	2	9	4	7
2	3	1	4	8	6	7	5	9
6	5	9	2	7	1	8	3	4
4	7	8	5	9	3	2	1	6
7	6	5	1	4	8	3	9	2
8	2	4	3	6	9	1	7	5
1	9	3	7	2	5	4	6	8

125

1	3	4	5	2	6	7	8	9
2	9	5	4	8	7	6	3	1
8	6	7	9	1	3	5	4	2
5	4	9	8	7	1	2	6	3
3	1	2	6	9	4	8	5	7
6	7	8	2	3	5	9	1	4
7	8	3	1	6	9	4	2	5
4	2	1	7	5	8	3	9	6
9	5	6	3	4	2	1	7	8

126

5	4	6	9	3	1	2	8	7
3	2	1	8	7	4	5	9	6
7	8	9	5	6	2	1	3	4
8	1	2	4	5	7	3	6	9
4	9	3	2	1	6	7	5	8
6	5	7	3	8	9	4	2	1
1	7	5	6	2	8	9	4	3
2	6	4	1	9	3	8	7	5
9	3	8	7	4	5	6	1	2

127

3	6	1	7	8	9	5	4	2
7	5	8	2	6	4	1	3	9
2	9	4	5	3	1	8	7	6
5	2	7	4	9	6	3	8	1
9	4	3	8	1	2	6	5	7
8	1	6	3	5	7	2	9	4
6	8	2	9	7	5	4	1	3
1	3	9	6	4	8	7	2	5
4	7	5	1	2	3	9	6	8

128

4	8	5	7	3	6	2	9	1
6	3	9	5	1	2	8	4	7
1	2	7	9	8	4	3	5	6
3	9	4	1	6	7	5	2	8
5	1	2	4	9	8	6	7	3
7	6	8	3	2	5	4	1	9
2	7	3	8	4	1	9	6	5
8	4	1	6	5	9	7	3	2
9	5	6	2	7	3	1	8	4

129

1	3	8	9	2	4	6	7	5
4	6	7	8	5	3	2	9	1
5	9	2	6	1	7	8	4	3
6	5	9	3	4	8	1	2	7
7	1	3	2	9	6	5	8	4
8	2	4	5	7	1	9	3	6
3	8	5	4	6	2	7	1	9
9	4	1	7	8	5	3	6	2
2	7	6	1	3	9	4	5	8

130

3	6	5	7	8	2	9	4	1
1	9	7	3	6	4	2	8	5
4	8	2	5	1	9	7	3	6
8	1	4	9	7	6	3	5	2
2	3	6	4	5	1	8	7	9
7	5	9	2	3	8	6	1	4
6	7	3	1	9	5	4	2	8
5	2	8	6	4	7	1	9	3
9	4	1	8	2	3	5	6	7

131

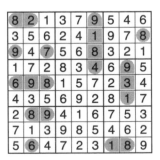

8	2	1	3	7	9	5	4	6
3	5	6	2	4	1	9	7	8
9	4	7	5	6	8	3	2	1
1	7	2	8	3	4	6	9	5
6	9	8	1	5	7	2	3	4
4	3	5	6	9	2	8	1	7
2	8	9	4	1	6	7	5	3
7	1	3	9	8	5	4	6	2
5	6	4	7	2	3	1	8	9

132

7	2	6	4	3	5	8	1	9
8	5	4	9	6	1	7	3	2
1	3	9	8	2	7	4	6	5
4	1	5	6	7	9	3	2	8
2	7	8	3	1	4	9	5	6
9	6	3	2	5	8	1	4	7
5	4	1	7	8	2	6	9	3
6	9	7	5	4	3	2	8	1
3	8	2	1	9	6	5	7	4

133

5	4	8	1	2	9	3	6	7
9	2	7	6	4	3	5	1	8
6	3	1	5	8	7	9	4	2
3	5	6	2	9	8	4	7	1
4	8	9	7	5	1	2	3	6
7	1	2	4	3	6	8	9	5
8	6	3	9	1	2	7	5	4
1	9	4	8	7	5	6	2	3
2	7	5	3	6	4	1	8	9

134

7	6	2	1	8	9	4	3	5
4	1	5	2	7	3	8	9	6
8	3	9	5	4	6	1	7	2
6	8	3	9	5	2	7	4	1
1	2	7	3	6	4	5	8	9
5	9	4	8	1	7	6	2	3
3	7	1	4	9	5	2	6	8
2	4	8	6	3	1	9	5	7
9	5	6	7	2	8	3	1	4

135

8	2	7	5	4	3	1	9	6
1	5	3	9	6	8	4	2	7
9	4	6	1	7	2	8	5	3
5	7	2	3	1	6	9	4	8
6	3	1	8	9	4	5	7	2
4	8	9	2	5	7	6	3	1
7	1	4	6	3	5	2	8	9
3	6	8	4	2	9	7	1	5
2	9	5	7	8	1	3	6	4

136

1	6	4	9	8	3	5	7	2
2	9	3	5	4	7	1	8	6
7	5	8	1	2	6	9	4	3
4	2	5	6	1	8	3	9	7
9	8	6	3	7	5	4	2	1
3	1	7	4	9	2	8	6	5
6	7	1	8	3	9	2	5	4
5	4	9	2	6	1	7	3	8
8	3	2	7	5	4	6	1	9

137

2	7	3	6	1	8	5	4	9
5	6	4	9	7	2	1	8	3
8	9	1	3	4	5	6	7	2
9	1	7	8	2	3	4	6	5
3	4	5	1	6	7	2	9	8
6	2	8	4	5	9	3	1	7
7	3	6	5	8	1	9	2	4
4	5	2	7	9	6	8	3	1
1	8	9	2	3	4	7	5	6

138

1	9	2	8	3	6	4	7	5
7	8	5	9	2	4	1	3	6
3	6	4	5	7	1	9	8	2
5	2	7	6	1	8	3	9	4
9	4	8	7	5	3	2	6	1
6	1	3	4	9	2	7	5	8
8	3	9	1	4	5	6	2	7
4	7	6	2	8	9	5	1	3
2	5	1	3	6	7	8	4	9

139

5	4	9	8	1	6	2	3	7
8	2	6	7	4	3	1	5	9
1	7	3	9	2	5	4	6	8
6	8	4	5	3	1	9	7	2
2	1	7	4	6	9	3	8	5
3	9	5	2	8	7	6	1	4
9	5	1	6	7	2	8	4	3
7	6	8	3	9	4	5	2	1
4	3	2	1	5	8	7	9	6

140

4	7	5	3	6	9	8	1	2
3	1	9	8	2	7	5	6	4
8	6	2	5	1	4	9	3	7
1	5	6	7	4	3	2	8	9
9	8	3	1	5	2	4	7	6
7	2	4	6	9	8	3	5	1
6	9	7	2	3	5	1	4	8
2	3	1	4	8	6	7	9	5
5	4	8	9	7	1	6	2	3

141

9	8	3	4	5	6	7	2	1
5	2	4	7	1	9	3	8	6
1	6	7	2	8	3	4	5	9
3	1	6	5	9	7	2	4	8
4	5	9	8	6	2	1	3	7
8	7	2	1	3	4	6	9	5
7	9	1	3	4	5	8	6	2
6	4	8	9	2	1	5	7	3
2	3	5	6	7	8	9	1	4

142

6	5	3	9	2	4	8	7	1
7	2	4	1	8	6	9	5	3
9	8	1	5	7	3	2	6	4
2	7	5	8	3	9	4	1	6
1	4	6	2	5	7	3	9	8
3	9	8	6	4	1	5	2	7
4	6	7	3	9	2	1	8	5
5	1	9	4	6	8	7	3	2
8	3	2	7	1	5	6	4	9

143

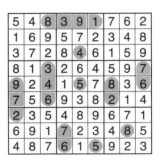

5	4	8	3	9	1	7	6	2
1	6	9	5	7	2	3	4	8
3	7	2	8	4	6	1	5	9
8	1	3	2	6	4	5	9	7
9	2	4	1	5	7	8	3	6
7	5	6	9	3	8	2	1	4
2	3	5	4	8	9	6	7	1
6	9	1	7	2	3	4	8	5
4	8	7	6	1	5	9	2	3

144

1	6	2	5	9	7	3	8	4
8	3	7	6	4	1	2	9	5
4	9	5	3	8	2	6	1	7
6	1	8	4	7	3	9	5	2
5	7	4	8	2	9	1	6	3
9	2	3	1	5	6	7	4	8
3	4	9	7	1	8	5	2	6
2	8	6	9	3	5	4	7	1
7	5	1	2	6	4	8	3	9

145

9	4	3	5	2	8	7	6	1
5	7	1	4	6	3	8	2	9
6	2	8	7	1	9	3	5	4
8	9	7	3	5	1	2	4	6
1	3	2	6	8	4	9	7	5
4	5	6	9	7	2	1	8	3
3	8	5	2	9	6	4	1	7
2	6	9	1	4	7	5	3	8
7	1	4	8	3	5	6	9	2

146

5	3	2	4	9	7	1	8	6
7	1	8	6	2	5	9	3	4
4	6	9	8	3	1	2	5	7
6	9	7	1	4	3	5	2	8
1	4	3	2	5	8	7	6	9
8	2	5	7	6	9	3	4	1
3	5	4	9	7	6	8	1	2
2	7	1	3	8	4	6	9	5
9	8	6	5	1	2	4	7	3

147

9	6	7	3	4	5	8	1	2
4	5	2	1	8	9	3	6	7
3	1	8	6	2	7	5	4	9
6	2	1	5	7	3	9	8	4
7	4	5	8	9	2	6	3	1
8	9	3	4	1	6	7	2	5
2	3	6	7	5	4	1	9	8
1	7	4	9	3	8	2	5	6
5	8	9	2	6	1	4	7	3

148

4	1	9	2	7	3	6	8	5
5	2	6	1	9	8	3	7	4
7	3	8	4	6	5	9	1	2
1	6	3	5	2	7	8	4	9
2	5	4	8	1	9	7	3	6
9	8	7	6	3	4	2	5	1
3	4	5	9	8	6	1	2	7
6	7	1	3	4	2	5	9	8
8	9	2	7	5	1	4	6	3

149

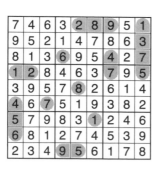

7	4	6	3	2	8	9	5	1
9	5	2	1	4	7	8	6	3
8	1	3	6	9	5	4	2	7
1	2	8	4	6	3	7	9	5
3	9	5	7	8	2	6	1	4
4	6	7	5	1	9	3	8	2
5	7	9	8	3	1	2	4	6
6	8	1	2	7	4	5	3	9
2	3	4	9	5	6	1	7	8

150

8	9	5	2	3	6	1	4	7
1	2	7	4	9	8	3	5	6
3	6	4	7	1	5	8	9	2
7	3	2	5	8	9	6	1	4
9	5	1	3	6	4	7	2	8
4	8	6	1	7	2	9	3	5
2	1	3	6	5	7	4	8	9
5	7	9	8	4	3	2	6	1
6	4	8	9	2	1	5	7	3

151

4	6	3	2	9	7	5	1	8
7	5	1	6	3	8	2	4	9
9	2	8	1	4	5	6	7	3
3	1	9	7	2	4	8	5	6
5	4	6	3	8	1	7	9	2
8	7	2	9	5	6	4	3	1
6	8	4	5	1	9	3	2	7
1	3	5	8	7	2	9	6	4
2	9	7	4	6	3	1	8	5

152

4	1	8	3	2	6	7	9	5
6	9	5	4	1	7	3	8	2
7	2	3	8	9	5	4	1	6
9	6	1	2	7	3	5	4	8
3	5	7	9	4	8	6	2	1
2	8	4	5	6	1	9	3	7
1	3	2	7	5	4	8	6	9
5	4	6	1	8	9	2	7	3
8	7	9	6	3	2	1	5	4

153

7	2	9	4	6	5	3	1	8
6	5	4	8	3	1	9	2	7
8	3	1	2	7	9	6	5	4
4	7	5	3	1	6	8	9	2
2	8	6	7	9	4	5	3	1
1	9	3	5	8	2	7	4	6
5	6	2	9	4	7	1	8	3
9	1	8	6	2	3	4	7	5
3	4	7	1	5	8	2	6	9

154

7	4	1	8	3	9	5	2	6
9	8	2	5	6	1	4	7	3
6	3	5	4	7	2	8	1	9
4	9	3	1	8	5	2	6	7
2	7	8	6	9	4	1	3	5
5	1	6	7	2	3	9	4	8
3	2	4	9	5	6	7	8	1
1	5	7	3	4	8	6	9	2
8	6	9	2	1	7	3	5	4

155

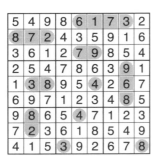

5	4	9	8	6	1	7	3	2
8	7	2	4	3	5	9	1	6
3	6	1	2	7	9	8	5	4
2	5	4	7	8	6	3	9	1
1	3	8	9	5	4	2	6	7
6	9	7	1	2	3	4	8	5
9	8	6	5	4	7	1	2	3
7	2	3	6	1	8	5	4	9
4	1	5	3	9	2	6	7	8

156

6	2	4	1	3	5	7	9	8
1	8	9	7	2	6	5	4	3
5	7	3	9	4	8	6	2	1
3	1	5	6	9	4	8	7	2
4	9	7	8	5	2	1	3	6
8	6	2	3	7	1	9	5	4
2	4	6	5	1	9	3	8	7
7	5	1	2	8	3	4	6	9
9	3	8	4	6	7	2	1	5

157

2	7	1	5	8	6	4	3	9
6	8	9	3	4	1	7	2	5
4	3	5	9	2	7	8	1	6
1	2	8	7	3	9	5	6	4
7	9	6	2	5	4	3	8	1
3	5	4	1	6	8	9	7	2
9	1	2	8	7	5	6	4	3
8	4	3	6	9	2	1	5	7
5	6	7	4	1	3	2	9	8

158

1	8	5	6	9	4	3	7	2
3	2	6	7	8	5	4	1	9
4	9	7	2	3	1	5	8	6
2	4	8	3	6	7	1	9	5
9	6	1	8	5	2	7	3	4
7	5	3	1	4	9	6	2	8
6	3	9	4	7	8	2	5	1
5	1	4	9	2	3	8	6	7
8	7	2	5	1	6	9	4	3

159

9	4	8	7	2	3	1	5	6
7	1	3	6	9	5	8	2	4
2	6	5	8	4	1	9	3	7
8	5	6	9	7	2	3	4	1
4	9	2	1	3	6	7	8	5
1	3	7	5	8	4	2	6	9
5	2	9	4	1	8	6	7	3
3	7	4	2	6	9	5	1	8
6	8	1	3	5	7	4	9	2

160

9	3	6	5	7	2	8	4	1
8	5	4	3	9	1	6	7	2
7	1	2	8	6	4	5	9	3
6	2	1	7	3	5	9	8	4
3	8	9	4	1	6	7	2	5
4	7	5	9	2	8	3	1	6
5	4	3	1	8	9	2	6	7
2	9	7	6	4	3	1	5	8
1	6	8	2	5	7	4	3	9

161

9	5	4	3	8	6	2	1	7
8	2	6	7	9	1	4	5	3
3	7	1	2	4	5	8	6	9
6	9	8	5	3	7	1	2	4
1	3	5	4	6	2	9	7	8
7	4	2	8	1	9	5	3	6
5	6	9	1	7	8	3	4	2
2	8	3	6	5	4	7	9	1
4	1	7	9	2	3	6	8	5

162

4	3	2	1	6	9	8	5	7
9	7	5	3	8	2	6	1	4
1	6	8	7	5	4	9	3	2
5	9	7	8	4	1	2	6	3
2	8	3	6	9	5	4	7	1
6	1	4	2	3	7	5	8	9
3	4	1	5	2	6	7	9	8
8	5	9	4	7	3	1	2	6
7	2	6	9	1	8	3	4	5

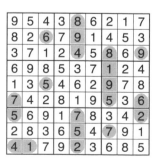

163

7	5	2	1	3	8	4	9	6
9	4	3	6	2	5	7	1	8
1	6	8	9	4	7	3	2	5
8	3	9	4	5	6	1	7	2
6	2	7	3	9	1	5	8	4
5	1	4	8	7	2	6	3	9
3	8	5	7	6	9	2	4	1
2	7	1	5	8	4	9	6	3
4	9	6	2	1	3	8	5	7

164

3	4	1	5	8	2	9	7	6
9	5	6	1	3	7	8	4	2
8	2	7	4	6	9	1	3	5
6	7	5	2	9	4	3	1	8
1	8	9	7	5	3	6	2	4
4	3	2	6	1	8	5	9	7
7	1	3	8	4	5	2	6	9
2	9	8	3	7	6	4	5	1
5	6	4	9	2	1	7	8	3

165

3	2	5	7	6	8	9	1	4
7	9	1	2	5	4	3	6	8
6	8	4	1	3	9	7	5	2
5	7	8	3	4	2	6	9	1
4	3	6	5	9	1	2	8	7
2	1	9	6	8	7	4	3	5
9	5	2	8	7	3	1	4	6
8	4	7	9	1	6	5	2	3
1	6	3	4	2	5	8	7	9

166

9	1	3	7	8	4	5	2	6
2	7	8	5	3	6	9	4	1
4	5	6	2	1	9	8	7	3
1	6	9	3	4	2	7	5	8
7	8	2	6	5	1	3	9	4
3	4	5	8	9	7	1	6	2
5	3	4	9	6	8	2	1	7
8	2	1	4	7	5	6	3	9
6	9	7	1	2	3	4	8	5

167

7	4	1	9	6	8	3	2	5
5	9	2	7	3	4	6	8	1
8	3	6	1	2	5	9	7	4
6	2	4	3	1	9	8	5	7
9	8	3	2	5	7	1	4	6
1	7	5	4	8	6	2	9	3
4	6	9	8	7	1	5	3	2
2	1	7	5	9	3	4	6	8
3	5	8	6	4	2	7	1	9

168

7	3	9	2	4	6	8	1	5
2	6	1	8	5	3	4	7	9
8	5	4	9	7	1	2	3	6
5	9	3	6	2	8	7	4	1
4	1	2	3	9	7	6	5	8
6	8	7	4	1	5	3	9	2
9	7	6	5	3	2	1	8	4
3	2	5	1	8	4	9	6	7
1	4	8	7	6	9	5	2	3

169

2	8	3	9	6	1	4	7	5
5	6	1	2	7	4	3	8	9
9	7	4	5	8	3	2	1	6
8	4	5	7	2	9	1	6	3
7	1	2	8	3	6	5	9	4
6	3	9	1	4	5	8	2	7
3	9	8	4	1	7	6	5	2
4	2	7	6	5	8	9	3	1
1	5	6	3	9	2	7	4	8

170

6	3	7	8	1	2	5	9	4
9	8	2	5	4	6	3	7	1
4	5	1	7	9	3	8	6	2
1	6	4	2	3	9	7	8	5
2	9	8	1	5	7	4	3	6
5	7	3	4	6	8	1	2	9
8	2	5	9	7	1	6	4	3
7	4	6	3	2	5	9	1	8
3	1	9	6	8	4	2	5	7

171

1	8	4	2	6	5	9	7	3
6	2	7	9	1	3	4	5	8
9	5	3	8	7	4	6	2	1
8	7	1	4	9	2	5	3	6
3	6	2	1	5	7	8	9	4
5	4	9	3	8	6	2	1	7
2	1	8	6	3	9	7	4	5
7	9	6	5	4	1	3	8	2
4	3	5	7	2	8	1	6	9

172

4	9	3	5	8	1	6	7	2
6	8	7	9	4	2	3	5	1
1	2	5	6	7	3	8	9	4
7	5	4	3	6	8	2	1	9
2	3	1	4	5	9	7	6	8
8	6	9	2	1	7	4	3	5
9	1	6	8	3	4	5	2	7
5	4	2	7	9	6	1	8	3
3	7	8	1	2	5	9	4	6

173

4	8	1	6	3	9	2	5	7
5	7	3	4	8	2	1	6	9
6	2	9	7	5	1	3	8	4
1	4	8	5	2	6	7	9	3
3	9	5	1	7	8	4	2	6
7	6	2	3	9	4	5	1	8
8	1	6	2	4	3	9	7	5
9	3	7	8	1	5	6	4	2
2	5	4	9	6	7	8	3	1

174

5	8	4	1	6	9	7	3	2
3	6	2	7	4	8	9	1	5
1	7	9	2	5	3	8	4	6
6	3	1	5	8	2	4	9	7
7	9	5	3	1	4	6	2	8
2	4	8	6	9	7	1	5	3
9	1	7	8	2	5	3	6	4
8	2	6	4	3	1	5	7	9
4	5	3	9	7	6	2	8	1

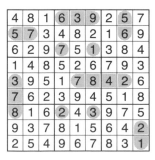

175

1	4	6	3	5	7	9	2	8
9	5	3	8	2	6	7	1	4
2	7	8	1	9	4	3	6	5
3	9	7	2	6	5	8	4	1
5	2	1	4	7	8	6	9	3
8	6	4	9	3	1	5	7	2
7	1	9	5	4	3	2	8	6
4	3	2	6	8	9	1	5	7
6	8	5	7	1	2	4	3	9

176

6	8	3	7	1	5	4	9	2
2	9	5	3	4	8	7	1	6
4	1	7	9	2	6	3	8	5
7	6	1	8	3	2	9	5	4
3	4	2	1	5	9	8	6	7
8	5	9	6	7	4	1	2	3
9	3	8	5	6	7	2	4	1
5	7	4	2	8	1	6	3	9
1	2	6	4	9	3	5	7	8

177

6	4	9	2	5	1	8	3	7
8	3	1	6	9	7	2	4	5
2	7	5	8	4	3	6	9	1
7	5	3	1	8	6	4	2	9
4	8	2	7	3	9	1	5	6
1	9	6	4	2	5	7	8	3
9	1	4	3	7	2	5	6	8
3	6	8	5	1	4	9	7	2
5	2	7	9	6	8	3	1	4

178

4	1	9	3	8	6	7	5	2
5	7	6	1	2	9	4	3	8
8	2	3	4	5	7	9	6	1
7	6	4	2	3	8	5	1	9
2	3	8	5	9	1	6	7	4
1	9	5	6	7	4	8	2	3
6	4	2	9	1	5	3	8	7
9	8	1	7	6	3	2	4	5
3	5	7	8	4	2	1	9	6

179

5	4	2	8	7	3	9	6	1
8	9	3	2	1	6	5	7	4
7	1	6	4	9	5	3	8	2
3	7	8	1	2	4	6	5	9
6	2	9	3	5	7	1	4	8
4	5	1	6	8	9	2	3	7
2	8	7	5	3	1	4	9	6
1	3	4	9	6	8	7	2	5
9	6	5	7	4	2	8	1	3

180

6	2	7	3	8	4	9	1	5
1	4	5	6	9	7	8	3	2
9	8	3	2	5	1	4	7	6
2	7	9	5	1	6	3	8	4
5	3	8	4	7	2	6	9	1
4	6	1	8	3	9	2	5	7
7	5	4	9	2	3	1	6	8
3	1	6	7	4	8	5	2	9
8	9	2	1	6	5	7	4	3

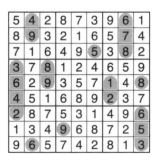

181

2	3	5	9	8	7	1	6	4
7	6	4	1	3	2	5	8	9
8	1	9	6	5	4	3	2	7
1	4	6	3	9	5	8	7	2
9	5	2	4	7	8	6	3	1
3	8	7	2	1	6	4	9	5
4	7	1	8	6	9	2	5	3
5	2	8	7	4	3	9	1	6
6	9	3	5	2	1	7	4	8

182

9	7	5	6	4	1	3	2	8
2	4	8	3	7	9	6	1	5
6	3	1	5	8	2	9	4	7
3	2	4	8	9	7	1	5	6
8	1	6	4	5	3	7	9	2
7	5	9	2	1	6	4	8	3
4	6	3	9	2	5	8	7	1
5	9	7	1	3	8	2	6	4
1	8	2	7	6	4	5	3	9

183

2	8	7	3	6	4	9	5	1
9	4	6	2	5	1	8	7	3
5	3	1	8	7	9	6	2	4
3	5	8	1	9	2	4	6	7
7	2	4	6	8	5	3	1	9
1	6	9	4	3	7	5	8	2
4	1	3	5	2	8	7	9	6
6	7	5	9	1	3	2	4	8
8	9	2	7	4	6	1	3	5

184

9	6	8	1	7	5	3	2	4
3	7	4	2	6	8	1	9	5
2	5	1	9	4	3	8	6	7
1	2	6	8	9	7	5	4	3
8	9	3	4	5	6	7	1	2
7	4	5	3	1	2	6	8	9
5	1	2	6	3	9	4	7	8
4	8	7	5	2	1	9	3	6
6	3	9	7	8	4	2	5	1

185

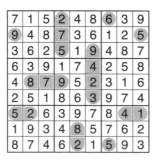

7	1	5	2	4	8	6	3	9
9	4	8	7	3	6	1	2	5
3	6	2	5	1	9	4	8	7
6	3	9	1	7	4	2	5	8
4	8	7	9	5	2	3	1	6
2	5	1	8	6	3	9	7	4
5	2	6	3	9	7	8	4	1
1	9	3	4	8	5	7	6	2
8	7	4	6	2	1	5	9	3

186

9	7	1	4	5	8	3	6	2
4	5	6	2	7	3	9	8	1
2	3	8	1	6	9	5	7	4
3	6	5	7	8	1	2	4	9
8	1	9	5	2	4	6	3	7
7	4	2	9	3	6	8	1	5
1	2	3	6	4	5	7	9	8
6	9	7	8	1	2	4	5	3
5	8	4	3	9	7	1	2	6

187

9	8	4	2	7	5	6	3	1
7	2	6	3	1	9	5	8	4
5	1	3	6	4	8	7	2	9
8	7	9	4	3	6	1	5	2
4	5	2	1	9	7	8	6	3
6	3	1	8	5	2	4	9	7
2	9	7	5	6	4	3	1	8
3	6	8	7	2	1	9	4	5
1	4	5	9	8	3	2	7	6

188

8	3	5	9	1	6	7	2	4
9	6	2	8	4	7	5	1	3
4	1	7	5	2	3	8	6	9
2	5	1	3	8	9	6	4	7
6	9	8	7	5	4	2	3	1
3	7	4	1	6	2	9	5	8
5	4	3	2	7	8	1	9	6
1	8	9	6	3	5	4	7	2
7	2	6	4	9	1	3	8	5

189

5	6	3	7	8	1	2	4	9
4	1	8	6	9	2	7	5	3
7	2	9	4	5	3	8	1	6
2	3	4	5	6	9	1	8	7
6	8	5	3	1	7	4	9	2
9	7	1	2	4	8	3	6	5
8	9	2	1	3	5	6	7	4
3	5	6	8	7	4	9	2	1
1	4	7	9	2	6	5	3	8

190

1	3	9	5	8	6	4	7	2
6	8	2	7	3	4	9	1	5
4	7	5	2	9	1	8	6	3
5	2	7	4	6	9	3	8	1
3	1	4	8	5	2	6	9	7
9	6	8	3	1	7	2	5	4
7	9	1	6	4	3	5	2	8
2	5	3	9	7	8	1	4	6
8	4	6	1	2	5	7	3	9

191

6	4	8	5	3	2	9	1	7
3	7	1	9	6	4	5	8	2
2	9	5	8	7	1	6	3	4
9	8	7	6	5	3	4	2	1
4	5	3	1	2	7	8	6	9
1	2	6	4	8	9	3	7	5
7	3	4	2	9	6	1	5	8
8	1	2	3	4	5	7	9	6
5	6	9	7	1	8	2	4	3

192

4	6	5	9	8	7	2	3	1
8	3	9	2	4	1	5	6	7
2	7	1	3	5	6	9	4	8
1	9	7	5	6	8	3	2	4
6	8	3	1	2	4	7	5	9
5	2	4	7	9	3	8	1	6
9	4	6	8	3	5	1	7	2
7	5	8	6	1	2	4	9	3
3	1	2	4	7	9	6	8	5

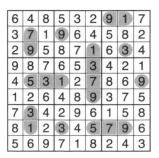

193

4	1	7	2	8	6	3	5	9
5	8	6	1	3	9	7	2	4
2	9	3	7	4	5	6	1	8
7	4	8	9	5	1	2	6	3
3	2	1	4	6	8	9	7	5
9	6	5	3	7	2	8	4	1
8	3	4	6	1	7	5	9	2
1	7	2	5	9	3	4	8	6
6	5	9	8	2	4	1	3	7

194

5	6	3	8	2	4	1	9	7
7	4	9	6	3	1	2	5	8
1	8	2	9	5	7	3	6	4
3	5	1	7	4	9	6	8	2
8	2	7	5	6	3	9	4	1
6	9	4	1	8	2	5	7	3
9	7	5	3	1	8	4	2	6
2	3	6	4	7	5	8	1	9
4	1	8	2	9	6	7	3	5

195

3	4	6	1	7	8	5	2	9
7	1	2	9	4	5	6	8	3
8	9	5	3	2	6	7	4	1
2	7	8	6	3	1	4	9	5
4	3	9	8	5	2	1	7	6
5	6	1	7	9	4	2	3	8
6	8	3	4	1	7	9	5	2
9	2	7	5	6	3	8	1	4
1	5	4	2	8	9	3	6	7

196

9	6	2	5	1	3	8	7	4
8	1	3	7	4	6	2	9	5
5	4	7	2	8	9	1	6	3
1	2	5	9	6	8	4	3	7
3	8	9	4	5	7	6	2	1
4	7	6	1	3	2	5	8	9
7	9	1	6	2	5	3	4	8
2	5	8	3	7	4	9	1	6
6	3	4	8	9	1	7	5	2

197

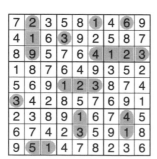

7	2	3	5	8	1	4	6	9
4	1	6	3	9	2	5	8	7
8	9	5	7	6	4	1	2	3
1	8	7	6	4	9	3	5	2
5	6	9	1	2	3	8	7	4
3	4	2	8	5	7	6	9	1
2	3	8	9	1	6	7	4	5
6	7	4	2	3	5	9	1	8
9	5	1	4	7	8	2	3	6

198

8	9	7	6	1	4	3	2	5
2	3	1	8	5	9	4	7	6
4	6	5	2	7	3	8	1	9
7	5	4	3	8	6	2	9	1
6	1	9	5	4	2	7	3	8
3	2	8	1	9	7	6	5	4
1	7	3	9	6	8	5	4	2
5	4	6	7	2	1	9	8	3
9	8	2	4	3	5	1	6	7

199

2	1	9	7	3	6	5	4	8
3	8	4	9	5	2	6	7	1
7	6	5	4	1	8	9	2	3
4	5	3	2	7	1	8	9	6
9	2	6	3	8	4	1	5	7
1	7	8	6	9	5	4	3	2
5	4	7	8	6	3	2	1	9
6	9	1	5	2	7	3	8	4
8	3	2	1	4	9	7	6	5

200

5	7	6	2	3	4	8	1	9
4	8	1	9	5	7	3	6	2
9	3	2	1	8	6	4	5	7
2	5	4	7	1	8	9	3	6
1	6	7	4	9	3	2	8	5
8	9	3	6	2	5	1	7	4
7	1	8	5	4	9	6	2	3
3	4	5	8	6	2	7	9	1
6	2	9	3	7	1	5	4	8

ABOUT THE AUTHOR

THOMAS SNYDER won the World Sudoku Championship as well as the Philidelphia Inquirer Sudoku National Championship in 2007. Snyder's success at solving puzzles competitively extends beyond sudoku; he has won the U.S. Puzzle Championship twice and is a regular member of the U.S. Puzzle Team at the World Puzzle Championship, where his best individual finish is second place.

Snyder was born and raised in Buffalo, New York, before earning his B.S. in Chemistry and Economics at the California Institute of Technology. He has a Ph.D. in Chemistry from Harvard University and is currently a post-doctoral researcher at Stanford University. While he constructs logic puzzles in his free time, he aims to be a professor of chemistry and develop new technologies for the diagnosis and treatment of human disease.